崑山徐乾學年譜稿下編

王逸明 編著

崑山徐乾學年譜稿

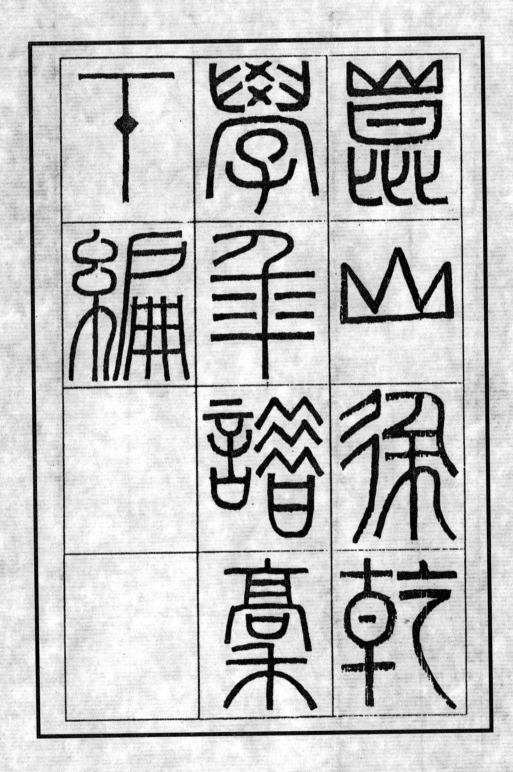

下編

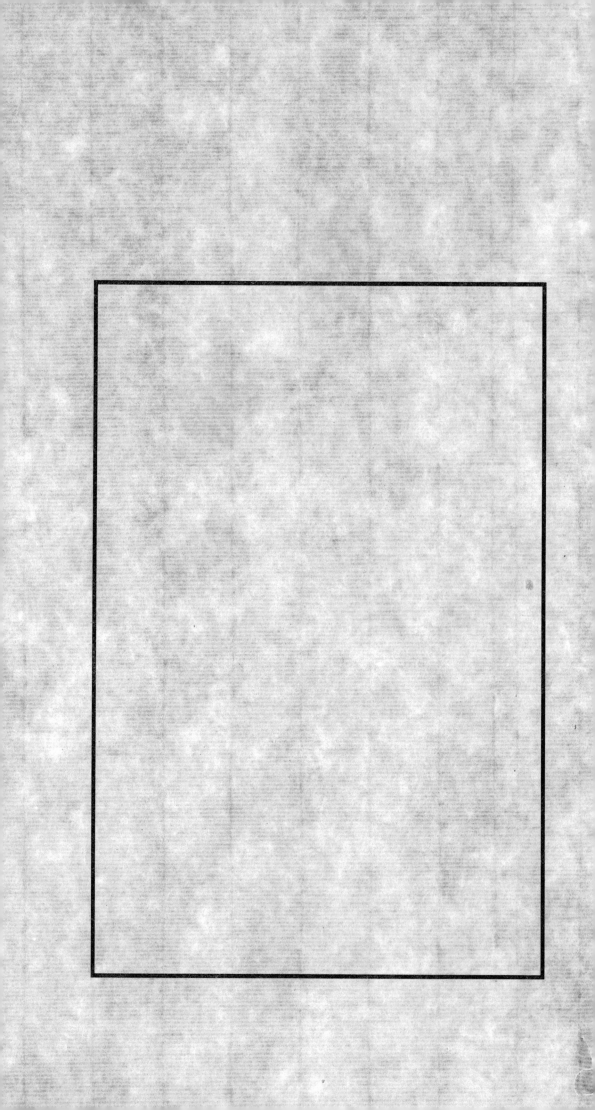

昆山徐乾学年谱稿 下编

康熙十八年 己未 1679 徐乾学四十九岁 徐秉义四十七岁 徐元文四十六岁

年初 徐氏兄弟在昆山。钱澄之来，与唱酬甚勤。萧穆《敬孚类稿·记田间先生年谱》：「己未以后三年，客吴中昆山、常熟，又时返里。」

春 万斯同复赴昆山，馆乾学家，作《传是楼藏书歌》。据《万斯同年谱》本年。

约此时，乾学三女本年十八岁。适昆山葛世隆。或为避祖母顾氏（乾学母）之丧期，婚期稍有延迟。葛世隆为葛鼐孙，葛云汉子。《先府君行述》：乾学三女『许字葛世隆，庚午（明崇祯三年。引注。）举人端调公讳鼐孙，文学敬升公讳云汉子，今为外祖戊戌（顺治十五年。引注。）进士莱芜知县嵋初叶公讳方恒抚养。』《昆新合志》卷二十五葛鼐传云，葛鼐字端调，其孙世隆官铜陵教谕。《昆新续志》卷三十一再收葛鼐传云：『世隆幼为同邑徐乾学器赏，妻以女。以贡官铜陵教谕。罢归，读书养亲以老。』后葛世隆有一女（乾学外孙女）嫁与元文孙（树本子）徐德符。见本谱康熙二十三年。

二月 召元文为《明史》监修总裁官。未即赴官。因母卒于康熙十五年十一月，至本年三月服除。韩菼《徐元文行状》：『己未二月，召监修《明史》，时服未禫除。而监修例命勋臣、阁臣，公独以学士充，识者知将大用矣。」《明史》馆开局在本年五月。杨谦《朱彝尊年谱》本年：『五月开局内东华门外……家起原任翰林院掌院学士徐公元文为监修官。」

三月　按例，乾学补原官翰林院编修、右赞善。韩菼《徐乾学行状》：『服除，补故官。』

秉义服除，补原官。翰林院编修、孺林郎加一级。据《家谱》。

五月　本月，博学鸿词科开考。

乾学曾到苏州，晤金堡、钱澄之。金堡《偏行堂集·与徐健庵太史》：『先一日，健庵以予旧草索饮光（钱澄之。引注。）题后，即知予已在吴门。三人重见，各自一段波澜，不妨同探同会。』俞陛云《澹归大师年谱稿》本年：『孟夏过金阊。』

八月　乾学、元文自昆山起程北上，邀万斯同、万言叔侄同行。之前万氏叔侄曾返鄞，往余姚蓝溪向黄宗羲辞行。据《万斯同年谱》。本年黄宗羲作《天一阁藏书记》，本谱康熙十二年已引，末言：『余门人自昆山来者，多言健庵所积之富，亦未寓目。』

临行，于苏州遇王士祜来访，托乾学带钱到京师交王士禛。《憺集》二八《进士东亭王君墓志铭》：王士祜『南游，过草堂。余方俶装入京，送余金昌而别……其与余别金昌也，祭酒（王士禛。引注。）方官翰林，旅食甚艰。以所积文贽白金数镒布裹纫，属余寄之，丁宁款密。余入都以授祭酒。祭酒得械，捧手伫立，如侍兄前。」所谓『草堂』，当指乾学苏州邸舍。金昌，指苏州阊门外金昌亭。

金堡有《送徐健庵太史赴阙序》。《偏行堂集》卷二。

九月　元文抵京，履任。韩菼《徐元文行状》：『九月赴阙，自陈且辞新命。不允。疏请购遗书，征遗献。举故明给事中李清、主事黄宗羲及副使曹溶、主事汪懋麟、布衣黄虞稷、诸生姜宸英、万言等，部议不许，上特从公言召之。清、宗羲、溶以老不至，各上所著书。时未有学士阙，特改内阁学士项景襄于兵部而用公。』元文有关修史诸疏俱载《含经堂集》卷十八。其中《特举遗献录用史才疏》举荐李清、黄宗羲及未与博鸿试者曹溶、汪懋麟、黄虞稷、姜宸英及万言参修《明史》。李、黄、曹不就，余皆入馆。李清，字心水，号映碧，兴化人。本年七十八岁。《昆新合志·人物·游寓》有传，云其『明亡，避地居昆山十有馀年……徐元文以修《明史》荐，力辞不赴。』李清子李柟，少赘昆山叶方至，于徐树穀为连襟。叶方至妻李氏（《昆新合志》卷三十三第二页有传）为李柟延名师督课，康熙十二年进士，选庶吉士。后康熙二十二年李清卒，乾学应李柟请为撰墓表，载《憺集》三十二。徐元文《含经堂集》卷二十七有《李映碧先生墓志铭》，汪琬有《前明大理寺左寺丞李公行状》。

十八日，乾学孙徐树敏长子。徐咸生。据《家谱》。咸字君发，号云归。

十月

乾学约本月抵京。明年乾学致吴兆骞信云『昨冬与舍弟先后入京』，可知乾学入京时已称冬日，并晚于元文。姑作十月。

本年

乾学自京师城北移寓城南菜市口碧山堂。日后乾学升詹士，又于碧山堂周围扩建邸舍，碧山堂遂成徐氏门客馆邸。碧山堂在北京城南菜市口南绳匠胡同。绳匠胡同后改名丞相胡同。1999年拆毁。乾学本年至康熙三十三年所作诗，日后编为《碧山集》。即《憺集》七至九。

乾学本年诗有《除夕前一日同方虎次耕饮》。《憺集》七。方虎即徐倬，本年五十六岁。

次耕即潘耒，本年三十四岁。文有《与曹彝士编修书》《再与曹彝士书》《憺集》三四，曹彝士即曹鑑伦，本年在北京，成进士。与曹鑑伦两书为悼曹尔堪而作。曹尔堪本年以六十三岁卒。《送中书舍人汪君序》。《憺集》二三。汪懋麟本年归养。

本年，江宁巡抚慕天颜等为乾学祖母潘氏请建徐节母祠。明年准建。

本年，孙枝蔚作《扬州送徐原一赞善服满还朝》。《溉堂集》。吴绮作《再过憺园》《送立斋学士还朝监修明史》。《林蕙堂全集》。朱鹤龄作《憺园牡丹文宴记》。《愚庵小集》。记与万斯同、钱饮光等同集憺园事。《万斯同年谱》称此文康熙二十七年作于京师，似误。憺园在昆山，且朱氏逝于康熙二十二年。

康熙十九年　庚申　1680　徐乾学五十岁　徐秉义四十八岁　徐元文四十七岁

年初　乾学在京师。万斯同、阎若璩馆于京师碧山堂。张慧剑《明清江苏文人年表》本年（据《鲒埼亭集》）：『万斯同在北京，馆昆山徐乾学家，以私人资格助纂《明史》。』《万斯同年谱》本年：『徐元文欲按例授季野以七品俸，称翰林院纂修官。季野坚辞，请以布衣参史局，不署衔，不授俸，且不住史局，馆于徐乾学兄弟之碧山堂宾馆。』阎若璩本年四十五岁。张穆《阎潜丘年谱》云本年阎若璩曾与汪琬就『亲在，可否言丧礼』事争论，阎若璩据史言可。继云：『徐尚书乾学因问：「于经亦有征乎？」（阎举曾子母健在时尝与曾申讨论丧礼为例。略引。引注。）……徐大叹服。即邀至邸，延为上客。每诗文成，必属裁定。』此事又载于阎著《困学纪闻笺》：『徐原一宫赞曰：「于史有征矣，于经亦有征乎？君其思之。」余退而思得二事，云云。宫赞击节曰：「虽百喙亦不能解矣。」』

三月　彭士望登昆山传是楼，并作记。彭士望《耻躬堂诗文合抄·传是楼藏书记》：『庚申春暮，予因顾子景范、（顾祖禹。引注。）陆子拒石（陆繁弨。引注。）乃得登昆山徐公健庵先生之传是楼。楼十楹，跨地亩许，特远人境，无附丽。启后牖，几席与玉峰相接……中置皮阁七十有二，高广径丈有五尺……首经史，以宋板者正位南面，次有明实录、奏议，多抄本……予、景范、拒石及儿厚本顾而乐之，留连不能去。公（乾学。引注。）子艺初、（徐树穀。引注。）章仲（徐炯。引注。）二孝廉以予遄返，特遣书以景范绍言，属予记，俾勿辞。』陆繁弨为陆培子，陆圻侄。后徐炯曾为其刻《善卷堂四六》。

八月　时顾祖禹馆于昆山冠山堂。夏定域《胡朏明年谱》本年：『顾祖禹客昆山徐氏传是楼。』

八日，金堡遗书乾学等，交代后事。金堡《遍行堂集·与徐健庵太史》：余『寄迹半塘，遂逾五月。（指三月自松江移寓浙江平湖，至此五月。引注。）重荷护持稠叠，感不去心。衰年善病……知不可久，已决意还庐山，归死于丛林师友之手，葬骨普同，不更占檀那寸土矣。前承高义，为住静劝导。今既理行策，不敢过费净檀……老僧薄德，未能仰报，但有没齿不忘而已。本图晤，病不得前，专此奉闻，临笺驰结。』俞陛云《澹归大师年谱稿》本年：『春，自云间（今上海松江县一带。引注。）扶病至平湖。居陆孝山（即陆世楷。引注。）园亭。秋，示寂嘉禾，（即嘉兴。引注。）时八月九日。前一日，遍发岭南道俗书及诸遗念……』

九日，金堡示寂。陈世英《丹霞山志·澹归禅师传》：「请藏事（在康熙十七年六月。引注。）毕，昆山徐健庵先生欲为觅一蒲团地，（此当为去年六月在苏州事。引注。）止师以终老，而公不顾，拟归隐匡山，而病遽作。平湖陆世楷……公故友也，养屙於其别业……公初病时，亦无大恙，与侍者言：「吾三月后当示寂。日为颂《大悲咒》，待时到行耳。」届期遍发岭内外书及诸遗念，嘱侍者「荼毘后亟投骨灰于江流，毋贻累诸方半点土也。」左右求留偈，举笔书曰：「入俗入僧，几番下火。于今两脚捎空，仍旧一场懡㦬。莫把是非来辨我，刀刀只砍无花果。」扔笔而逝，时庚申八月九日也。」

约中旬，彭士望应徐树榖邀，再到昆山徐府。树榖请彭为乾学序五十寿。彭士望《耻躬堂诗文合抄·徐健庵春坊五十序》：「庚申八月，予在吴门。昆山徐子艺初、章仲二孝廉遣书使，因顾子景范迎予居其家。月望日，艺初、昆仲肃衣冠，作《礼言》曰：「是冬家大人得三百甲子矣……今先生与魏叔子先生（魏禧，彭士望挚友，易堂九子之一。本年十一月十七日以五十七岁卒于仪征。引注。）并客吴门，适介家大人寿，亦一时之遭。古人周行好我，不以誉而以规。惟先生能，先生其无让。」……公（乾学。引注。）家居，广求载籍，装潢庋阁，精宏备至，藏书为江左之最。公在长安，手不释卷，兄弟自为师友，更尚论古人，奉为模范。两公子秉承意旨，精研史籍。长公（徐树榖。引注。）纂注《通鉴纪事本末》，渐次成书……公（乾学。引注。）既延武林陆子拒石、太仓顾子伊人与共晨夕，欣赏析疑。及四方士过从，礼之无倦。而虞山顾景范不求闻达，落落人外，惟潜心《方舆纪要》一书。公礼而致之，不烦以事，听自纂述。更为具脡饩、笔札、书史，以相佽助。」

九月

敕建昆山徐节母祠。徐节母即乾学祖母潘氏。《昆新续志·祠宇》：「徐节母祠在小澞桥西，祀明副贡生徐永美妻潘氏。康熙十八年十月总督席熙、巡抚慕天颜、藩司丁思孔等题请，十九年九月敕建。」

十月　十七日，乾学致吴兆骞信。全文如下：「弟辈衔恤南还，邈焉书问，不奉佳讯，遂已四年。昨冬与舍弟先后入京，具审吾兄动履安稳，慰藉无量。闻兄殉病邸舍，弘兄今年五月亦复下世，人琴之惨，何可胜言。吾兄雍渠情切，不知如何伤痛也。吾兄才华旷世，绝塞羁愁，何日刀环，实刻刻在念。向年黄门之牍，再三留心，终于不果。《长白》献赋，恰有机缘。贱兄弟在垩室之中，又未得一效绵力。日来屡向执政言之，似甚承悯念，若尊驾能亲到都门，事可济矣。城工之费，甚是繁重，若止于一二千，贱兄弟与二三知己尚可措画耳。《秋笳集》刻成送览，弟初付梓，悉照来本，不敢轻改。后令兄弘老极言不可，因删去几首，以未刻者补入，前后略有错简，幸长兄再一订正，仍可补刻更定。小序一篇未刻，容另奉寄。老伯母眠食安善，弟去秋出门时，曾往拜别。宪令今年在舍为小婿塾师，宅报中谅已具悉。所需药物，即容觅寄。此时适在郊外萧寺，不能办也。二舍弟今年八月到京，已补原职编修，其宦情甚淡，来春即欲移疾矣。小春尚暄，未知塞北何如？千万珍重，不尽勤拳。十月十七日，弟乾学顿首顿首，汉槎四兄大人足下。（三舍弟随驾至芦沟桥迎王师凯旋，未得作札，尚容另寄。原附言。）」此信《憺园文集》失收。据李兴盛主编《吴兆骞资料汇编》抄录。信中所谓「城工之费，甚是繁重，若止于一二千，贱兄弟与二三知己尚可措画」云云，可知乾学已着手赎还吴兆骞南归事。时清廷适开新例，许流人认工还乡。

十一月　元文由内阁学士擢左都御使。据韩菼《徐元文行状》。

本年　乾学弟亮采在昆山娶张氏。

本年乾学诗有《正月十七日曹颂嘉招同吴志伊、严荪友、朱锡鬯、汪蛟门、舟次、乔石林、潘次耕、家胜力、电发饮作歌》曹颂嘉即曹禾。吴志伊即吴任臣。严荪友即严绳孙。朱锡鬯即朱彝尊。汪蛟门即汪懋麟。汪舟次即汪楫，本年五十七岁。乔石林即乔莱，本年三十九岁。潘次耕即潘耒。徐胜力即徐嘉炎，本年五十岁。徐电发即徐釚。《五月二十七日官军收复成都保宁午门宣捷恭纪》《瀛台恩宴诗》《乔石林编修邀诸公饮醉后题云湖巷》《万柳堂陪益都公宴饮》益都公即冯溥，本年七十二岁。《奉和大司农棠村先生韵赠歌者邢郎》。棠村即梁清标。以上皆六月前作于京师。又作《辛酉除夕和舍弟立斋》。俱载《憺集》七。文有《新刊经解序》见本谱康熙十二年引。《与总宪魏环溪先生书》讨论台省铨部官员内升外转事。魏环溪即魏象枢。《与舅氏亭林先生论姓氏书》。俱载《憺集》三四。

本年陈维崧作《寿徐健庵先生序》。《陈维崧选集》。姜宸英作《送徐道积序》。《湛园未定稿》。道积即徐树本。

本年　康熙帝解索额图大学士职。明珠逐渐控制内阁。

乾学曾受明珠指使罗致李光地。未果。李光地《榕村语录》第695页：『庚申，予同先慈入京，陈（陈梦雷。引注。）言必欲随至京……为东海（乾学。引注。）所构，遂与予为仇。言予不肯上章奏，所云面奏皆诈耳。东海又复至予处，为陈言，予曰：「予非惮章奏，恐无济于事耳。」东海云：「君不必求其有济，但上章奏，为朋友之事毕矣。」予曰：「信若此乎？」东海曰：「然。」予云：「予作疏稿，恐有不尽心，君可为我代作一稿。」徐即成，予一字不移写上。」李出卖陈梦雷事，参见谢国桢《明清之际党社运动考·李光地与陈梦雷互讦事件》。刘建新《徐乾学》：「康熙十九年……明珠对李光地百般笼络，并竭力挑拨李光地与徐乾学的关系。徐乾学则利用李光地贪功卖友之事对他加以挟制，防止他成为明珠的羽翼。康熙十九年李光地到北京，徐乾学……要他上疏为陈梦雷洗清罪名。李光地虽不愿上疏，但更不敢承认为贪功而从蜡丸密书上抹去陈梦雷名字的丑行……徐乾学毫不放松，说：「君不必求其有济，但上章奏，为朋友之事毕矣。」李光地无奈，只得同意由徐乾学代草疏稿，上奏康熙。」此所言明珠离间李、徐及徐恐李成明珠党，似为李光地私忖。时明珠已网罗乾学，欲再结光地，指使乾学要挟利诱之。李光地曾受宠于索额图。索额图甫解大学士职，在宫廷中仍有相当势力，直至康熙二十二年才彻底失势。李光地难断后事，故不敢轻易投靠明珠。《语录》所言（似各方都看重他）不可全信。又，徐乾学代李光地上书后，明珠廷对时再为陈梦雷说情，果然免死。推知徐乾学以陈梦雷事要挟李光地系明珠一手操纵。而徐乾学之知李光地出卖陈梦雷事甚详，盖因其事亲历者武进杨文言为乾学好友。此番事后，陈梦雷渐依附乾学，陈梦雷著《松鹤山房文集》中收有《与徐健庵书》。参见谢国桢《陈梦雷李光地事迹辨》（载《新中华》杂志1934年第二卷第十二期）。杨文言为杨瑀次子，见本谱康熙三十二年。

康熙二十年 辛酉 1681 徐乾学五十一岁 徐秉义四十九岁 徐元文四十八岁

二月 五日，钦点乾学等候选日讲起居注官。《康熙起居注》本日：「内阁翰林院学士库勒纳、叶方蔼题请日讲官事。上曰：「朕所点汤斌、施闰章、朱彝尊、曹禾、秦松龄、严绳孙、徐乾学七人之外，尚有人否？」明珠奏曰：「臣等问翰林院学士，皆言钦点汤斌等果皆学问优长。此外臣等所知才具优长者，拣选七人。」上顾库勒纳问：「七人为谁？」库勒纳奏曰：「臣等举得胡简敬、卢琦、王顼龄、彭孙遹、邵吴远、徐秉义、潘耒。」上顾大学士等曰：「将朕所点及翰林院举出七人履历着一并开列引见，朕亲裁之。」」

十日，命乾学充日讲起居注官。《康熙实录》本日：『以翰林院侍读学士孙在丰、侍讲汤斌、检讨秦松龄、编修曹禾、检讨朱彝尊、严绳孙、左春坊左赞善徐乾学、编修王顼龄、检讨潘耒、充日讲起居注官。』韩菼《徐乾学行状》：乾学『服除，补故官……充日讲起居注，复充《明史》总裁官。以赞善充史馆总裁，非常数也。盖自是公益受知于上矣。』乾学服除在康熙十八年，充日讲起居注官在本年，充《明史》总裁官在康熙二十一年。

此时胡渭等馆京师乾学邸。前此胡一直馆于冯溥家。夏定域《德清胡朏明先生年谱》：『自冯溥乞休后，先生尝馆于徐家。』

顾祖禹在昆山冠山堂。《陆清献日记》：辛酉『七月初二，晚至常熟，会黄子鸿，（黄仪。引注。）言无锡顾禹锡（顾祖禹。引注。）字景范，有《方舆录》（即《读史方舆纪要》。引注。）最精详。今馆于徐健庵家。』此时陆陇其正在江南一带问学访友，尤好研究当地地理，黄仪向陆陇其推荐顾祖禹及其著作，有邀访意。知本年顾祖禹仍在昆山徐府冠山堂。

三月 吴兆骞致信徐釚，正式提请乾学、元文救其南还。参见李兴盛主编《吴兆骞资料汇编》。

五月 陈维崧逝，乾学资助其丧，为撰墓志。《憺集》二九《陈检讨墓志铭》：『其年（陈维崧。引注。）所居在城北市廛，庳陋才容膝，蒲帘土锉，摊书其中而观之……年五十八（即今年。引注。）而病作，疗发于面，已患滞下，积四十馀日。诸同年故旧问饷延医，供药饵不绝。卒而哭之，咸尽哀。余偕旧相益都公（冯溥。引注。）及诸士大夫出资，助含殓治丧，无缺于礼。又议立其仲兄子履端为后，然后得舣舟归柩。』韩菼《徐乾学行状》：『他朝士故友之丧，如检讨陈君维崧……皆公一人为之经纪，不以告人。』陈逝前曾作《喜汉槎入关和徐健庵先生原韵》，见上海古籍出版社《陈维崧选集》第264页。知本年五月京师已得兆骞放还消息。

九月 二十四日，乾学孙 徐炯长子。徐涵生。据《家谱》。涵字季泳，号榕谿。

二日，王士祜卒于王士禛邸。乾学往哭。《憺集》二八《进士东亭王君墓志铭》：『王士祜『来京师，居祭酒（王士禛。引注。）邸中，余亦幸数晨夕，而东亭（王士祜。引注。）遽得疾以卒矣。余与王氏兄弟交且三十年……（士祜）卒之日，小敛，余往哭之，痛不自胜。既大敛，祭酒齐衰麻绖。再拜。言曰：「惟吾兄同年于君谊最厚。君他日志其墓。」言已复哭，皆失声。』

十一月 约十六日，吴兆骞至京师。先是，本年七月，还乡诏下。九月二十日，吴起行。首拜乾学。乾学设宴款待，即席赋《喜吴汉槎南还》，和者甚众。诗云：『惊看生入玉门关，卌载交情涕泗间。不信遐陬生马角，谁知彩笔动龙颜？君恩已许闲身老，亲梦方思尽室还。五雨风轻南下好，桃花春涨正潺湲。』载《叶学山先生诗稿》卷五。《憺园文集》失收。参见李兴盛《边塞诗人吴兆骞·附吴兆骞年谱》本年。徐釚《孝廉吴君兆骞墓志铭》（据《碑传集》）：『汉槎（吴兆骞。

引注。）为《长白山赋》数千言，词极瑰丽，藉使臣归献天子。天子亦动容咨询……而纳腊侍卫（纳兰性德。引注。）因与司农、司寇（即元文、乾学。引注。）暨文恪相国（宋德宜。引注。）醵金以输少府佐匠作，遂得循例放归，然在绝域已二十三年矣。」吴兆骞在京师曾馆于明珠家，为明珠子揆叙授读。邓之诚《清诗纪事初编·吴兆骞》：『吴兆骞居塞上二十三年……昔日社盟宋德宜、徐乾学乃醵金纳赎。得放归，为明珠子揆叙授读……乾学有《喜吴汉槎入关》之作，同时和者甚众。」张穆《阎潜丘先生年谱》本年：『汉槎之东还也，由健庵为之纳锾，当与潜丘同客碧山堂。」

本年　约本年，元文长孙徐德寅逝。《家谱》：『德寅幼殇，存年八岁。聘丹徒张氏湘晓公孙女，惕存公女。未婚。早卒。合葬大西门外……」湘晓公即张九征。惕存公即张仕可。

约本年，元文娶侧室齐氏。本年十七岁。《家谱》：『侧室齐氏，康熙乙巳（康熙四年。引注。）七月初九日生，卒年无考。」

约本年，乾学长子树穀娶侧室陈氏、滕袁氏。据《家谱》。陈氏本年十六岁。

康熙二十一年　壬戌　1682　徐乾学五十二岁　徐秉义五十岁　徐元文四十九岁

一月　乾学在日讲起居注官任。

九日，顾炎武逝于曲沃。明年归葬昆山。全祖望《鲒埼亭集·亭林先生神道表》：乾学兄弟『至是鼎贵，为东南人士宗，四方从之者如云，累书迎先生南归，愿以别业居之，且为买田以养，皆不至。或叩之，答曰：「昔岁孤生，飘摇风雨。今兹亲串，崛起云霄。思归尼父之辕，恐近伯鸾之灶。且天仍梦梦，世尚滔滔，犹吾大夫，未见君子，徘徊渭川，以毕馀年，足矣。」庚申，（康熙十九年。引注。）其安人（顾炎武元配王氏。引注。）卒于昆山，寄诗挽之而已。次年，（即今年。引注。）卒于华阴。无子，徐尚书（乾学。引注。）为立从孙洪慎以承其祀。」《校补亭林年谱》本年引顾衍生《历代宅京记跋》云，顾炎武逝后，徐元文曾遣人取去顾炎武《历代宅京记》稿本：『至相国（指徐元文。引注。）归田后，始获检还。』

三月

十五日，康熙帝赐宴乾清门，倡议联诗，亲制首联，群臣按官秩依次接咏。都察院左都御史徐元文献句『千官济济盈岩廊』，左赞善徐乾学献句『瑞逾宝鼎兼芝房』。据《康熙实录》本日。

乾学次子徐炯中会魁。《家谱》：『炯……壬戌中会魁。』旋中二甲第五名进士。

王喆生中二甲第六名进士。陆经远 本年二十八岁。榜名徐经远。中二甲第十二名进士。《昆新合志》卷二十二第二十五页：『陆经远，字舒成，先籍吴县，曾祖某始居昆山。经远年十一（在康熙四年。引注。）而孤，哀恸几绝。舅氏相国元文抚之曰「此吾家魏舒也。」因以为字。康熙壬戌成进士，知河南息县。』此文后称：经远『己巳（康熙二十八年。引注。）行取入京，授御史，巡视东城，豪猾避迹。坐开列盐差不当镌级，调国子监丞。丁继母艰。服阕，补前职……五迁为奉天府丞。又三迁至通政使。所至称职。雍正元年，婴疾致仕……卒年六十九。』韩菼《徐元文行状》：『妹适于陆，早亡。子其子经远教之，卒成名。』

五月　叶方蔼卒于任。叶于去年十一月改刑部右侍郎。

七月　二十五日，明珠举荐乾学总裁《明史》。《康熙起居注》本日：『内阁、翰林院会题，为《明史》总裁王国安员缺，将王守才等开列。大学士明珠奏曰：「纂修《明史》，垂示永久，关系大典，甚为紧要，必学问优长之人，方能综理成书。前皇上钦点总裁，极为允当。今王国安员缺应补，臣等公举徐乾学，人品颇优，学识淹贯，似堪补此缺。伏候睿裁。」上曰：「徐乾学人品学问果系优长。」谕毕，翰林院学士等出。』

二十七日，命乾学为《明史》总裁官。《康熙实录》本日：『以左赞善徐乾学充纂修《明史》总裁官。』后康熙二十七年乾学撰《进呈御选古文渊鉴表》云：『臣以微末，获操铅椠，以从事斯局者六年』，可证其本年任职史局。

本年　乾学诗有《舟次、蛟门、东川移酒屺瞻书斋邀同严存庵、舍弟果亭小饮用亭字》《憺集》七。舟次即汪楫。蛟门即汪懋麟。东川即汪霦。屺瞻即孙在丰。严存庵即严我斯。文有《送张敦复学士请假还桐城序》《憺集》二三。张敦复即张英，年初归里。《贺汉阳吴公入内阁序》。《憺集》二三。吴公即吴正治，本年十月自礼部尚书迁武英殿大学士。《江左兴革事宜略序》《江左兴革事宜略》系盛符升为歌颂慕天颜巡抚江宁政绩所辑。《序》载《憺集》十九，略云：『《江左兴革事宜略》者，太子少师、兵部尚书、副都御史静宁慕公（慕天颜。引注。）所行事实，吾友膳部诚斋盛君（盛符升。引注。）所辑而梓焉者也。公以方伯擢中丞，开府前后在吴凡十馀年……康熙十七年江南旱，十八年又大旱，民流冗道路，屑榆剥树以为食，公会制府合疏请赈……

自十九年正月，尽三月止，所全活以百万计……公抚吴五年，以击悍弁为所讦，解组去，既去而民益思公。盛君因民之请，裒辑所兴革事宜汇为一编，属予序。」盛符升为乾学同年举人，本年六十七岁。盛与徐氏兄弟往来甚密。《昆新合志》卷二十五第十页有传。《序》中所谓「以方伯擢中丞」，指慕天颜康熙十五年由江苏布政使升任江宁巡抚。所谓「在吴凡十馀年」，指慕天颜康熙九年任江苏布政使，至二十年始离江宁。《清代人物传稿》上编第八卷《慕天颜》称「康熙十二年升任苏布政使」，误。

秉义迁右中允，以病乞归。徐树縠随南还。韩菼《徐乾学行状》：秉义「辞归日，上语及，亟叹其才。公（指乾学。引注。）谢曰：「臣弟实病甚。」盖庶子公（秉义。引注。）体素弱，不忍其劳于出也。」《昆新合志》卷二一第二二页：秉义「升中允，念兄弟并在华省，深怀谦退，移病归，杜门著述。时叶方蔼卒于官，秉义即陪其柩归里。」

秉义归昆山，迁居城内富春桥，筑耘圃。《家谱》：「壬戌，升右春坊右中允。移疾告归。迁居城内富春桥，筑耘圃以息处。」培林堂即于其中。《昆新合志》卷十二第十八页：「吏部侍郎徐秉义第在富春桥西，有培林堂。」

元文仍在左都御使任。曾上疏请严办拐卖人口及旗人滥杀家奴等事，见韩菼《徐乾学行状》。

本年朱彝尊有《送徐中允秉义假还昆山》六首。《曝书亭集》。彭孙遹有《送艺初南还》。《松桂堂全集》。

康熙二十二年 癸亥 1683 徐乾学五十三岁 徐秉义五十一岁 徐元文五十岁

三月初六日生，乾隆丁亥（乾隆三十二年。引注。）五月初九日卒，寿登八十有四。十一次之殿（清诰授

宜元配顾氏……并嗣徐炎。（顾德新出为顾园立嗣见前行。引注。）康熙甲子（康熙二十三年。引注。）

十二月 （雍正八年。引注。）十一月初五日殁于京邸，得年四十有八。配殷德高氏……江村公讳士奇女，未娶。

说燕诗集》。诗卜其数。著有《石鸣诗集》《春秋三传事实考证》。康熙癸亥七月二十六日生，雍正庚戌

成进士。康熙四十七年。待考。引注。）举于乡，癸巳（康熙五十二年。引注。）成进士，授点翰林

本年 编修。改任户部主事。康熙壬午（[illegible]，壬子为康熙十一年，时徐骏尚未出生。[illegible]康熙四十一年，

七月 **二十六日，乾学五子徐骏生。**乾学侧室张氏出。《家谱》：「骏，乾学公五子，字昭法，号

殿试第故也。许可

诸生《重修学宫记》：「昆邑学宫之复建始于戊（去年。引注。）冬。东有大成殿门、明伦堂、大成

十一年，邑人徐乾学已聚晤县丞朱学周，数询张其事，集费重建大成殿，重建明伦堂，启圣祠……主

为营葬顾炎武事，乾学曾回昆山，并捐助昆山县学。《昆新续志》卷四第十二页：「二

讲。」

乾学升翰林院侍讲。从五品。韩菼《徐乾学行状》：「又三年，（即今年。引注。）升翰林院侍

读兼翰林学……山东纂修官。」[illegible]同各书十。（见本谱康熙二十九年。）

[illegible]

曰：『纂修太宗文皇帝、世祖章皇帝《圣训》』，命内阁学士……翰林院侍读学士韩菼、多奇、

二月 **四日，命徐乾学等任太宗文皇帝、世祖章皇帝《圣训》纂修官。**《康熙实录》本

潜丘先生年谱》据阎若璩《左汾近稿》：“若璩一客福建乃归。”（“指由山西。”引注。）阎公（潜

阎若璩去年游福建，本年归故里山西。再应乾学邀，馆京师乾学家。张穆《阎

第十册第159页。黄炳垕《黄宗羲年谱》本年：“至昆山，主徐司寇家，观传是楼书。”

黄宗羲往昆山观传是楼书，作《传是楼藏书记》。浙江古籍出版社《黄宗羲全集》

元文在左都御史任。

本年致政归里，自编年谱终。谢巍《中国历代人物年谱考录》所录汪琬年谱为其子筠续编，失实先谱。

二十年谱。”元文本年七月作《太子太傅益都冯公年谱序》。《续集》十九。冯公即冯溥，

益都人。”《续集》七。文有《进士东亭王君墓志铭》《续集》二八。王君即王士祜，康熙

进士，与兄士禄弟士禛俱有诗名。徐乾学《憺集》有《寄汪钝翁》三首，与士禛所作同。”《癸亥

本年乾学诗有《寄汪钝翁》《憺集》七。汪钝翁即汪琬。赵尊三《汪尧峰先生年谱》本年：“王

渔洋公命为果亭公后。嗣以果亭公卒于（在康熙二十五年。引注。）归宗。”

本年 乾学三子徐树谷拔贡。乾学命出嗣果文后。《家谱》：“树谷……康熙癸亥选拔。”按

史局为明年三月事。

文神道碑》：“冬，会湖北按察使……缺，谳三级，解任。未几，有诏留公专领史局。”留元文领

十二月 元文坐荐举山东人任湖北按察使降三级。据韩菼《徐元文行状》。又据宋荦《徐元

文墓志铭》有一则。阎若璩《世楙斋诗文·徐乾学诗序文字》亦记有其事，参见本谱康熙三十四年引。

事略》卷二、《昆新合志》卷二十一第二十三页有徐秉义作传。钱泳《履园丛话》卷十九《拔贡》记有

学。引注。）来邀，复至京师。」

康熙二十三年　甲子　1684　徐乾学五十四岁　徐秉义五十二岁　徐元文五十一岁

乾学在京师，升侍讲学士。

乾学次子徐炯授行人司行人。《家谱》：「炯……甲子授行人司行人。」

二月　命徐元文专领监修《明史》。韩菼《徐元文行状》：「甲子二月，有旨留公专领监修《明史》。」

八月　一日，乾学孙徐树敏次子。徐德懋生。据《家谱》。德懋字嘉积，号毅菴。

五日，乾学欲为明珠罗致陆陇其，未果。陆陇其《三鱼堂日记》本年：「八月初五，会徐健庵……健庵欲予一见中堂，（指明珠。引注。）予辞以有县务，不敢久留京师。」《小石山房丛书》本《陆稼书先生年谱》本年：「同年徐公健庵来会，具述中堂明公向慕意。先生以县务倥偬，不敢久留京师为辞，越一日即出都。」

本月，乾学四子徐树屏、元文长子徐树声中顺天乡试，《家谱》：「树屏……甲子中顺天经魁。磨勘被黜……树声……康熙甲子举人，候补国子监典簿。」旋因弊并革学籍。《清史列传·徐乾学列传》：「二十三年，迁侍讲学士。时乾学之弟元文以左都御使降调候补，其子树声与乾学子树屏并中顺天乡试。圣祖仁皇帝以是科取中皿卷皆江南、浙江，而湖广、江西、福建无一人，下九卿詹事科道磨勘，举出……字句疵累者树声等八名，请与正副考官……秦松龄……等，并褫革，严究情弊。得旨：「此次取中各卷，显有情弊……及徐元文之子，并革去举人，馀照例议处。」』韩菼《徐元文行状》：『秋，公长子树声与尚书公季子树屏，俱中顺天乡试。上令九卿磨勘，有言当黜落者，遂具奏。将送法司质讯，祸且不测。上不听，但革二子举人，而公兄弟任如故。』张玉书《徐元文神道碑》：元文『解任将归。有诏留公专领史局。故事，监修官不与编纂。公以置史局五年，书尚未就，乃取各儒臣所著《纪》《传》，手自排纂，通怀商榷，丹黄常至夜分，遂缮写《纪》、《传》若干卷进呈。上因问纂修事宜，公条对甚悉。上注视公良久。』**顺天考官秦松龄下狱。**后乾学为之力解。

同时江南乡试亦有请托，考官徐潮惧于江宁巡抚汤斌，未与徐氏子弟方便。汤斌因此器重徐潮，遂与乾学生隙。李光地《榕村语录》第736页：『甲子江南典试，徐家字眼（指昆山徐氏子弟。引注。）带去一堆。青来（徐潮，本年江南乡试考官。引注。）还缜密，看见汤潜庵（汤斌，今年六月出任江宁巡抚。引注。）在那里，他便一个不染回来，健庵大恨之。青来称健庵大师伯，曰：「汤先生在南，如何做得？一发觉，祸且不测。况北场如此风波，幸而南榜无君家子弟，若再有，恐上益怒。故某之不敢应命，非徒自为，兼为大师伯也。」健庵冷笑曰：「极感盛意。但是君为我恩人，将我视秦留仙为仇乎？」（秦留仙即秦松龄。邓之诚《清诗纪事初编》云「秦松龄……二十三年主顺天乡试，中蜚语下狱，徐乾学为之力解，始得放归。」引注。）不悦而别。汤潜庵因而荐青来，青来大得其力。屺瞻（孙在丰。引注。）改还侍郎，以叶子吉（叶方蔼。引注。）为掌院，不极推健庵，又被健庵去之。后即张敦复，（张英。引注。）又为健庵去之。接者即予，（李光地。引注。）予又为健庵去之。立斋接任，（徐元文于康熙二十八年五月以文华殿大学士兼任翰林院掌院学士。引注。）然每进一篇文稿，必拿与健庵看过改过，故立斋亦甚苦。』其中『屺瞻改还侍郎，以叶子吉为掌院』，疑误。查《清代职官年表》，自康熙十八年起，掌院学士依次为叶方蔼、陈廷敬、张玉书、孙在丰、张英、李光地。叶方蔼任掌院学士在前，康熙二十年十一月改刑部右侍郎，且于二十一年五月卒于任。故疑此处或为『叶子吉改还侍郎，以屺瞻为掌院』之误。

十月　十八日，吴兆骞客死京邸。年五十四。乾学为理其丧。韩菼《徐乾学行状》：『他朝士故友之丧，如……吴孝廉兆骞，皆公一人为之经纪，不以告人。』徐元文有挽诗七律两首。载《含经堂集》卷六。参见李兴盛《边塞诗人吴兆骞·附吴兆骞年谱》本年。而邓之诚《清诗纪事初编·吴兆骞》云：『及卒，竟少哀挽之什。乾学所作，亦未入集。盖吴、徐之交不终矣？』

十一月　乾学二妹徐氏申禨妻。约本月逝。汪琬《尧峰文抄·广西提学道佥事申君墓志铭》：申禨『未卒前数日，书舍桂花始放……俄而讣音至矣。配徐宜人……治家严整有法，前君十月卒。』其中所谓『书舍桂花始放』之书舍，指汪琬虎丘书舍。桂花始放，指时在八月。申禨明年八月卒，前十月，即今年十一月。

十二月　一日，乾学迁詹事府詹事。正三品。《康熙实录》本日：『升翰林院侍讲学士徐乾学为詹事府詹事。』

本年　乾学诗有《甲子元旦》、《送赵玉峰中丞出抚两浙》赵玉峰即赵士麟，本年五十六岁。《严存庵以病请告有旨慰留诗以赠之次屺瞻韵》严存庵即严我斯。屺瞻即孙在丰。《恭和圣制甲子冬至幸阙里诗十二章并序》《雨中碧山堂招同馆诸公饮时颢庵自中州至生州将视学秦中》等。《憺集》七。颛庵即王掞，王时敏第八子，乾学同年进士，本年四十岁。生州即许孙荃，生卒年不详，乾学同年进士，本年五月出任陕西学政。文有《贺张南溟擢左副都御史序》《憺集》二三。五月作。张南溟即张鹏。《送睢州汤先生巡抚江南序》《憺集》二三。六月作。汤先生即汤斌。《送大司寇魏先生致政还蔚州序》《憺集》二三。八月作。魏先生即魏象枢。《送王阮亭奉使南海序》《憺集》二三。十一月作。王阮亭即王士禛，时奉命南海祭告。《河南提学佥事封通议大夫内阁学士兼礼部侍郎张公行状》《憺集》三三。十二月作。张公即张九征，玉裁、玉书父，今年逝。《黄庭表文集序》《憺集》二十。黄庭表即黄与坚。《少傅高阳公心远堂文集序》《憺集》十九。高阳公即李霨，本年以六十岁逝。《渔洋山人续集序》《憺集》二一。是集为黄仪手书上版，本年盛符升资助刻于吴中。《熊太夫人七十寿序》等。《憺集》二四。熊太夫人即熊赐履母。

本年，元文孙树本子。徐德符生。《家谱》：【德符……字充之。康熙甲子生，癸未（康熙四十二年。引注。）卒。存年二十。聘同邑葛氏……讳世隆女。未婚，守贞，未旌表。生卒年无考。】《昆新合志》卷三十三第三十一页：【葛贞女，教谕世隆女，许字从舅徐树本子德符。未婚，德符病夭。女闻恸哭，欲往奔丧。舅（徐树本。引注。）坚辞之。矢志独居。越六年而卒。后葬德符，请于女家而合窆焉。】此谓【越六年而卒】，则葛氏卒于康熙四十八年。

本年阎若璩、万斯同在乾学邸。张穆《阎潜丘先生年谱》：阎若璩【与黄子鸿初晤于碧山堂。（碧山堂盖健庵馆客之别第。原注。）……《疏证》（指《古文尚书疏证》。引注。）卷八：鄞万斯同季野将辑《古今丧礼通考》，以《丧服》记……质余。甲子春，寓东海公碧山堂，为说《礼服》，中夜精思，不觉忽得云云。时季野寓处颇近，不敢复语之矣。（阎若璩论经学有与黄宗羲不同处，为万斯同不悦。故阎不敢造访。所谓时季野寓处颇近，或若璩住乾学新邸，而万斯同仍住碧山堂。引注。）……《札记》：忆甲子初夏，自碧山堂移徐公健庵寓邸。（案：健庵是年由侍讲学士升詹事府少詹事。原注。）夜饮，公（指乾学。引注。）言：「今日直起居注，上云：古人有言，使功不如使过。此语自有出，既思不可得，又不敢上问，奈何？」余对：「丙午、丁未（康熙五、六年。引注。）间，重策论，读宋陈傅良《时论》，有《使功不如使过》题，通篇俱就秦穆公用孟明发挥，应是昔人论此事者作此语，第不见出何书耳。」公曰：「博」。』陈祖武先生撰《清代人物传稿·阎若璩》：康熙二十二年『他又应徐乾学的邀请再到京师。此后近十年中，除二十五年短期南归外，若璩一直作为徐邸上宾，逗留京师。』

潘耒以浮躁降调，归。邓之诚《清诗纪事初编·潘耒》：『耒读书二十馀年未应试……最后始从顾炎武游。因识徐乾学兄弟，所为牵引。举康熙十八年鸿博，授职检讨，非炎武所愿也……二十三年，以浮躁降调归……李光地《榕村语录续录》诋其轻率……后与乾学之好不终，则炎武不及见矣。』李光地《榕村语录》第760页：『潘次耕时常接谈，其举动威仪，天生不中程式……其言语无序，不当言而言，不当问而问，说话口中闲字太多，泛音无数。气何以如彼其急，动止毫不端详，故三徐（指乾学兄弟。引注。）皆轻之。潘在徐立斋家饮宴，行酒时，艺初（徐树穀。引注。）执其耳而灌之，潘大不平，出恶言。立斋时作总宪，反向潘曰：「饮酒本风流事，何动气乃尔？」潘益怒曰：「公为宪长，家法不修，而子弟乃如此轻侮宾客，反袒护耶！」立斋亦强谢，潘次耕遂辞去。未三日，而东海令院长孙屺嶦（孙在丰。引注。）参其浮躁轻薄而去。」

康熙二十四年 乙丑 1685 徐乾学五十五岁 徐秉义五十三岁 徐元文五十二岁

正月 乾学于例行殿试翰詹时作《经史赋》《懋勤殿应制诗》，列上等第一。又应试乾清宫，作《乾清宫读书记》《憺集》二五。《班马异同辨》《憺集》十五。《祈谷坛应制诗》，再拔置第一，获康熙帝奖谕。《清史列传·徐乾学列传》：「二十四年正月，召试翰詹诸臣于保和殿，乾学列上等第一。谕奖乾学及侍读韩菼、编修孙岳颁、侍讲归允肃、编修乔莱等五人学问优长，文章古雅，优加赏赉。乾学旋奉命值南书房，擢内阁学士，充《大清会典》、《一统志》副总裁，教习庶吉士。」韩菼《徐乾学行状》：「乙丑春，上亲试词臣保和殿，作《经史赋》《懋勤殿应制诗》。又试乾清宫，作《乾清宫读书记》《班马异同辨》《祈谷坛应制诗》，上特拔置第一。又尝试《昊天与圣人皆有四府论》《阅农诗》，深蒙嘉赏。在阁中，凡代言诸作，皆出公手。」

二月 六日，康熙帝谕奖乾学文章优长。《康熙起居注》：「二月初六日……上以翰林官试卷示大学士，谕曰：「朕观翰林文颇多佳卷，而笔力高古，无出徐乾学之右。朕向闻徐乾学文字最工，诸翰林官莫不向彼请正。今细阅其所试文，果堪领袖，置之第三，恐众论不服。即其为人，或有被人议论处，然此考试止论文章，不及其他。尔等以朕所阅各卷传集诸翰林官，令其自行阅看，视朕所定次第何如？」」

九日，命乾学充《会典》副总裁。《康熙实录》本日：「以掌院学士常书、詹事徐乾学充《会年。引注。）参其浮躁矜傲而去。”

康熙二十四年　乙丑　1685　徐乾学五十五岁　徐秉义五十三岁　徐元文五十二岁

正月　乾学于阙行殿试翰詹时作《经史赋》《懋勤殿应制诗》，列上等第一。又应试乾清宫，作《乾清宫读书记》《丙集》二五。《班马异同辨》《丙集》十五。《沂谷坛应制诗》，再拔置第一，获康熙帝奖谕。《清史列传·徐乾学列传》：“二十四年正月，召试翰詹诸臣于保和殿，乾学列上等第一。谕奖乾学及侍读韩菼、编修孙岳颁、侍讲归允肃、编修乔莱等五人学问优长，文章古雅，优加赏赉。乾学旋奉命直南书房，擢内阁学士，充《大清会典》、《一统志》副总裁，教习庶吉士。”韩菼《徐乾学行状》：“乙丑春，上亲试词臣保和殿，作《经史赋》《懋勤殿应制诗》。又试乾清宫，作《乾清宫读书记》《班马异同辨》《沂谷坛应制诗》，上特拔置第一。又尝试《昊天与圣人皆有四府论》《阅文帝》，深蒙嘉赏。在阁中，凡代言诸作，皆出公手。”

二月　六日，康熙帝谕奖乾学文章优长。《康熙起居注》：“二月初六日……上以翰林官试卷示大学士，谕曰：‘朕观翰林文章多佳者，而笔力高古，无出徐乾学之右。朕向闻徐乾学文字最工，诸翰林官莫不向彼请正。今朕阅其所试文，果堪领袖，置之第三，恐众论不服。即其为人，或有被人议论处，然此考试止论文章，不及其他。尔等以朕所阅各卷传集诸翰林官，令其自行阅看，观朕所定次第何如？’”

九日，命乾学充《会典》副总裁。《康熙实录》本日：“以掌院学士常书、詹事徐乾学充《会典》副总裁官。』《会典》编纂始于去年。《康熙实录》去年五月己巳：命纂修《大清会典》，以勒德洪、明珠等为总裁，王鸿绪、汤斌等为副总裁。

本月，乾学始为康熙帝编纂《御选古文渊鉴》。《憺集》三五《御选古文渊鉴凡例》：『乙丑春二月，臣等奉旨编校御选古文，次第缮写雕刊。钦定名曰《渊鉴》。』同文后列义例十一条。略。张慧剑《明清江苏文人年表》本年：『徐乾学等奉玄烨命，编注《古文渊鉴》六十四卷。韩菼拟《古文渊鉴凡例》上玄烨。（《有怀堂文稿》一一。原注。）韩菼在徐乾学处见唐人所绘《胡笳十八拍图》，作题记。（《有怀堂文稿》二二。原注。）』《有怀堂文稿》卷十一尚有《进呈古文渊鉴凡例褶子》。

三月

八日，乾学升任内阁学士兼礼部侍郎。《康熙实录》本日：『升詹事徐乾学为内阁学士兼礼部侍郎。』韩菼《徐乾学行状》：『乙丑，升内阁学士，兼礼部侍郎……日直南书房。辰入阁中，理事毕即入直……又命教习庶吉士……公直南书房，凡有叩问，应答如流，听者咸服其博。上尝出《御制文集》四十卷以示公，儒者尤以为荣。尝得呕哕疾，上曰：「此疾惟虎胃可疗，如未即痊，朕何惜一虎！」寻愈乃已。』

自此，乾学成为明珠一党骨干，与高士奇、本年四十三岁。王鸿绪结为心腹。李光地《榕村语录》第736页：『本朝掌院（指翰林院掌院学士。引注。）大拜（指晋升大学士。引注。）者多，故徐健庵切切图之……（孙在丰）作掌院，考翰林，（指年初例行考试翰詹。引注。）其时拟徐青来（徐潮。引注。）第一，韩元少（韩菼。引注。）第七，健庵第九。健庵彼时已将腾起，内有高澹人（高士奇。引注。）渐渐用事，（明珠前此已安排高士奇入值南书房。引注。）又清客、戏子都受健庵之赌，散布流言，说孙屺瞻（孙在丰。引注。）原是个武秀才，又说他全不知文。上将卷子发南书房看，（此时值南书房者多为明珠所控。引注。）将健庵第一，韩元少第二，徐青来第九、十。』此段记载可视为明珠安排乾学近侍康熙帝之证。康熙十六年，康熙帝尝明谕明珠、勒德洪举荐博学善书者侍奉左右，明珠已先后安排高士奇、张英、陈廷敬等入值南书房。邓之诚《清诗纪事初编·徐乾学》：『自顺治中禁社盟，士流遂无敢言文社者。然士流必有所主，而弘奖风流者尚焉。乾学尤能交通声气，士趋之如水之赴壑。同时宋德宜、叶方蔼不能及也。余国柱独与之争，遂成怨府。李光地但欲抑之，使不得速化而已。本附明珠、高士奇以进。』世界书局版《龚定庵全集类编·昆山徐尚书代言集序》：『徐氏撰著宏富，皆康熙中大典故。康熙中文学传人，大半门下士。子孙渊雅，名氏有述，家乘之存，与册府相表里，可谓玮矣……尚书公（指乾学。引注。）尤所称以经术文章施无穷者也。《代言集》者，尚书代诏制之文……自珍又告家鼐（徐家鼐，乾学五世孙。引注。）曰：「王鸿绪之修《明史》亦主公，王于徐为娅，亦文献家也。」自珍又曰：「康熙中，有议政王大臣，而无军机大臣。大事关大臣，群事关内阁，撰拟谕旨，则关南书房。南书房之选，与雍正以来军机房等。是集，（指《徐尚书代言集》。引注。）公直南书房时笔也。』其中提及『王于徐为娅』，钮琇《临野堂文集》卷二有《为徐司寇答王中丞婚启》一文。王中丞即王鸿绪。见本谱康熙二十九年。刘建新撰《高士奇》（载《清代人物传稿》上编第八卷）：『二十四年，号称士林魁首的徐乾学奉旨进入南书房。高士奇与他结为心腹，朝中逐渐形成了以徐乾学、王鸿绪、高士奇为首的江浙官僚集团。学士非出三家之门者，则不为世人所重。内外官员「夤缘照管者，馈至成千累万。即不属党护者，亦有常例，名之曰平安钱。」』邓之诚《清诗纪事初编·王鸿绪》：『鸿绪于徐乾学为门生，（康熙十二年乾学主考时王成进士。原注。）于高士奇为婣戚。三人奉密谕合谋以逐余国柱、明珠。（逐余、明在康熙二十七年。引注。）复自立党相角，遂至俱败。后（指康熙三十三年以后。引注。）俱再起，徐已先殁，高亦不寿。（高士奇康熙四十二年卒。引注。）唯鸿绪兄弟保持贵富（王鸿绪雍正元年以七十九岁卒于京邸。引注。）……真小人之尤也。』按，徐、高、王三人中，康熙帝最宠高，徐、王次之。故康熙二十九年三人休致后，高仍傲视徐、王。徐往杭州欲与高重修旧好，高拒之。而徐、王下野即合流。

三月　乾学子徐树穀成二甲第十三名进士。据《明清进士题名碑录》。《家谱》：『树穀……乙丑成进士，授中书科中书舍人，敕授文林郎，旋充《大清一统志》纂修官。』

五月　十三日，纳兰性德逝。乾学为撰墓志、墓道碑铭。徐乾学《通志堂集序》（载康熙三十年刊《通志堂集》前附）：『往者容若（纳兰性德。引注。）病且殆，邀余诀别，泣而言曰：「性德承先生之教，思钻研古人文字，以有成就，今已矣。生平诗文本不多，随手挥写，辄复散佚，不甚存录。辱先生不鄙弃，执经左右十有四年。先生语以读书之要，及经史诸子百家源流，如引者之得路。然性喜作诗馀，禁之难止。今方欲从事古文，不幸遘疾，短命长负明诲，殁有馀恨。」余闻其言而痛之。自始卒以及殡，阼临其丧，哭之必恸。其葬也，（据张秉戍《纳兰词笺注》附《纳兰性德年表》，康熙二十五年葬纳兰性德于京西皂荚屯。引注。）余既为之志，又铭其隧道之石。余甚悲。容若以豪迈挺特之才，勤勤学问，生长华阀，淡于荣利……而甫及三十，奄忽辞世。』撰此文后数月，乾学又应明珠邀为性德撰墓志，载《憺集》二七。

二十六日，命徐乾学教习庶吉士。《康熙实录》本日：『命翰林院掌院学士常书、内阁学士徐乾学教习庶吉士。」

六月　乾学妹夫申穖擢广西提学道佥事。后本年八月申穖卒于苏州。见汪琬《尧峰文抄·广西提学道佥事申君墓志铭》。

十月　十七日，乾学孙徐树屏长子。徐德復生。据《家谱》。德復字去疾。

十一月　二十一日，康熙帝问乾学、乔莱等治河意见。时治河分于成龙、靳辅两派。乔莱代表乾学表态，支持于成龙。《康熙实录》本日：「上召大学士、学士、起居注官等至懋勤殿。上问学士徐乾学、起居注官乔莱河工事。乔莱奏曰：「从于成龙议，则工易成，百姓有利无害。若从靳辅议，则工难成，百姓田庐坟墓伤损必多。且堤高一丈五尺，束水一丈，比民间屋檐更高。伏秋时一旦溃决，为害不浅矣。」上谕大学士等曰：「朕虽未历下河，而上河情形曾目击之。高家堰之水减入高邮宝应诸湖，由湖而至运河。河堤决，始入民田。今两人建议皆系泄水以注海，虽功皆可成，毕竟于成龙之议便民。且开浚下河，朕欲拯救生民耳，实非万不可已之工也。若有害于民，如何可行。于成龙所请，钱粮不多，又不害百姓。姑从其议，著往兴工。如工不成，再议未迟。」」

本年　乾学拟订《明史》修撰条例。《憺集》十九《修史条议序》：「《明史》开局，院长叶公（叶方蔼。引注。）属同舍弟中允（徐秉义。引注。）预纂修之役。时舍弟都御史为监修，辞于院长，弗允……未几，中允以疾去，叶公下世。某被命同学士陈、张二公、侍读学士孙公、侍读汤公暨门人王庶子为总裁官，而舍弟罢柏府之职，留领史事，益以向所讨论者详为商榷，得六十一条，存之馆中。」

乾学本年诗有《赠张素存学士扈跸盛京祭告山陵》张素存即张玉书。《同年孙屺瞻学士扈跸》《赠高澹人侍讲扈跸》高澹人即高士奇。《赠成容若扈跸》成容若即纳兰性德。《送容若赴梭龙》等。《憺集》八。文有《纪事》《憺集》三五。年初作，记康熙帝嘉奖汉军于成龙。后本谱提及均为汉军于成龙。《送姚佥宪抚蜀序》《憺集》二三。《姚黄陂疏草序》《憺集》二二。姚佥宪、姚黄陂均为姚缔虞，本年八月赴四川巡抚任。《大悲寺大悲菩萨碑文》《憺集》三五。九月作。大悲寺在北京宣武门内。《教习堂条约》，《憺集》三五。又作《大清一统志凡例》《憺集》三五。《北郊配位议》《郊祀斋戒会议》《憺集》十四。《祀天地皆服大裘辨》《憺集》十五。《条陈明史事宜疏》《憺集》十。《修史条议》《憺集》十四。《修史条议序》《古今通韵序》《梁葵石先生诗集序》等。《憺集》十九。梁葵石即梁清远。

本年，高士奇《金鳌退食笔记》编竣，乾学为序。《憺集》二一《金鳌退食笔记序》：『高学士澹人（即高士奇。引注。）供奉禁廷，八阅寒暑，（康熙十六年高任内阁中书，至今八年。引注。）见闻益富，所著作益多。其诗辞古文及扈从日抄，每脱稿即以示予，予尝序而刻之矣。（前此乾学曾序高《扈从东巡日记》《随辇集》，后此又序高《春秋地名考略》及《补刻编珠》。见载于《憺集》卷十九、二十、二一。引注。）一日，以《金鳌退食笔记》授予校阅。澹人赐地在禁垣西北，（高任内阁中书后赐居西安门内。引注。）密迩祕苑，金鳌蜿蜒，其入直必经之路……予辈数日一轮值斋祓待事，凌晨入禁门，侍立螭坳，不数刻，尝恐惧战栗。至尊有问，或仓促不能对。而澹人终日侍便殿、备顾问……从容应对，每当圣心。』钱泳《履园丛话》曾记乾学轮值待事逸闻一则，姑系于此：『徐大司寇乾学善饮啖，每早入朝，食实心馒头五十、黄雀五十、鸡子五十、酒十壶，可以竟日不饥。』疑有误。

本年，乾学应毛奇龄请，为其《古今通韵》作序。《憺集》二十一《古今通韵序》：『康熙甲子，（去年。引注。）史馆新刊《古今通韵》若干卷，翰林院检讨毛大可（毛奇龄。引注。）撰……予于声律之学，少未尝究心，窃闻绪论于先舅亭林顾先生。先生尝述陆德明之言，以为古人韵缓不烦改读，以正吴才老叶韵之失，所著《五书》，（指《音学五书》。引注。）大要以四声一贯，与「三声」、「两合」之说尤相龃龉，（顾炎武）未及见检讨（指毛奇龄。引注。）之书而墓木拱矣。检讨尝与予往复数十百言，守其说而不能易。某无似不能为说，以通两家之邮……（毛奇龄）遽请急以去，（本年奇龄引疾归。引注。）其志行高洁如是，于其行也，为书大略，以应其请云尔。』《古今通韵》实为与《音学五书》立异而作，『三声』、『两合』为毛氏自造音理，今已鲜有论及者。乾学还曾为毛奇龄《古今定韵》作序，载《憺集》二一。

本年何焯二十五岁。晋京，游乾学、翁叔元门。沈彤《何焯行状》：『康熙二十四年，先生年二十三，由崇明县学生拔贡国子监，时昆山徐学士乾学、常熟翁祭酒叔元方收招后进，其所善，科第立致。先生亦游两人门，而慎自持。见事不符义，且加讥切，其后交绝于翁，（康熙二十六年翁叔元受明珠支使，倾复汤斌，何焯请削门生籍。见本谱是年。引注。）复干徐之怒。（康熙二十七年何焯冒乾学名刊行《会试墨卷序》，讥刺会试舞弊。乾学托江苏地方访拿何焯。见本谱是年。引注。）』据此段记述，可知徐、何之交，仅在本年至康熙二十六年间。何焯撰有《通志堂经解目录》，其中记录曾与乾学商讨版本校对等，当即此期间事。如『《学易记》九卷……何焯曰：从李中麓（明末戏曲家李开先。引注。）

家藏抄本。发刊后健庵得一元刻，书贾伪作刘跂者，并假造刘跂序文。健翁云：「近得刘跂《学易记》。」余狂喜叫绝，急索观之。开卷即李简之书也。（北宋刘跂所作为《学易集》，元代李简所作为《学易记》。此指乾学上书贾一当。引注。）余云：「即宜校正，去伪序，并传。」皆未从也。」

康熙二十五年 丙寅 1686 徐乾学五十六岁 徐秉义五十四岁 徐元文五十三岁

一月 三日，乾学孙（徐树敏三子。）徐德宗生。据《家谱》。德宗字于朝，号二礦。

十三日，秉义子徐树闳生。乾学三子徐树敏归宗。据《家谱》。树闳字诚修，号蒙克。陆氏生。《昆新续志》卷二十五有传。

三月 五日，命徐元文、徐乾学等为《一统志》副总裁，特命徐乾学专理《一统志》馆务。

《康熙实录》本日：「命纂修《一统志》。以大学士勒德洪、明珠、王熙、吴正治、宋德宜、户部尚书余国柱、左都御史陈廷敬为总裁官。原任左都御史徐元文、内阁学士徐乾学、翰林院学士张英、詹事府詹事郭棻、翰林院侍读学士高士奇、庶子曹禾为副总裁官。翰林院侍读彭孙遹、编修黄士埙、钱金甫、田雯、吴涵、史夔、许汝霖、周金然、检讨徐嘉炎、吴任臣、金德嘉、吴苑、王思轼、中允米汉雯、赞善黄与坚、候补中允胡会恩、吏部郎中颜光敏、大理寺评事高层云、见修《明史》食七品俸姜宸英、万言二十人为纂修官。并命陈廷敬、徐乾学专理馆务。」

闰四月 二十二日，康熙帝谕吏部，留乾学等专门办理宫中有关编辑写作事务，不

外派巡抚等差。《康熙起居注》本日：『又谕大学士等曰：「学士徐乾学、张英学问淹通，文章事务，著由办理，且前曾将熊赐履留用有例，以后开列巡抚，徐乾学、张英不必列名。」』

又命诸臣搜求遗书。乾学以宋元版书十二种进献。《憺集》十《恭进经籍疏》：『臣蒙恩擢，自通籍词馆十七年来，伏见皇上圣性高明……谨将家藏善本有关六经、诸史者共十二种，或用缮写，或仍古本，装潢成帙，仰圣乙夜之观……所有恭进书籍具列于后……（计宋朱震《汉上易传》并《图说》共十五卷，宋张浚《紫岩易传》九卷及浚曾孙献《读易杂说》一卷，宋魏了翁《大易集成》六十四卷，宋曾穜《大易粹言》十卷，宋吕祖谦《东莱书说》十卷，宋金履祥《尚书表注》十二卷，宋李樗、黄櫄《毛诗集解》三十六卷，宋赵鹏飞《春秋经筌》十六卷，宋王与之《周礼订义》八十卷，宋蔡节《论语集说》十卷，宋李焘《续资治通鉴长编》一百六十八卷，唐《开元礼》一百五十卷。原文于各目下简述提要。略。引注。）共计三十六套一百九十二册，特具疏恭进。』乾学所献书，以《续资治通鉴长编》最为珍贵。是书初为顾贞观购得，后乾学以廉价购自季振宜。阎若璩、吴任臣馆于乾学邸时曾录副本。后朱彝尊又抄吴任臣本。徐釚又抄朱彝尊本。中华书局1985年版裴汝诚、许沛藻著《续资治通鉴长编考略》引阎若璩按语云：其书『近四十年前，无锡顾孝廉始从嘉兴高氏购得之，凡三易主，而归传是楼。余假馆楼下，且读且抄，穷日夜不少休……有劝主人宜集众以续此编者，余亟摇手以戒，主人笑，以为知言。』同书又引徐釚《跋》云：其书『虞山钱牧斋宗伯悬价千金购之不得。今昆山司寇公以七百金从泰兴季氏得之，康熙二十五年献之于朝……今几二十年，其副本亦为人窃去，问之传是楼，无有也。余从朱竹垞（朱彝尊。引注。）氏借抄。竹垞本系杭州吴检讨志伊（吴任臣。引注。）馆于司寇邸第所手自缮录者。时康熙辛巳（康熙四十年。引注。）花朝菊庄主人徐釚书，年六十有六。』

二十四日，皇太子胤礽出阁典礼。乾学有《皇太子出阁典礼议》《皇太子视学议》。《憺集》十三。韩菼《徐乾学行状》：『皇太子出阁、讲学诸大礼仪及北海祀典，俱公所定也。』按，争取控制胤礽是明珠、索额图两党斗争焦点。出阁讲学典礼为明珠一手安排，是明党得势标志。参见《纳兰性德研究》。

五月

二十六日，乾学迁礼部右侍郎。《康熙实录》本日：『升内阁学士徐乾学为礼部右侍郎。』充经筵讲官，复充《大清一统志》《清会典》总裁。韩菼《徐乾学行状》：『转礼部侍郎，教习如故……（后记述乾学请禁满洲京师朝官丧期演戏旧习、请司官审阅公文以五日为限等。文繁不引。引注。）朝鲜使者郑载嵩诉其国王受枉，语颇悖妄。公谓：「且长外藩跋扈？」萌疏，劾其使臣失辞不敬，宜责其王以大义开以祸福。上见之，喜曰：「此文有关国体」。已而国王震恐，上书谢罪。时公奉命总裁《大清一统志》《大清会典》及《明史》，凡领三馆，又被命纂辑历代安危治乱之迹有关政事者，名曰《鉴古辑览》，又命选自周秦以来至元明之文，分正、外、别三集，名曰《古文渊鉴》……寻充经筵讲官。时讲官无阙员，而礼部以开经筵日期请，上特解某讲官以授公。及进讲，敷陈经义，发明为多，上动容称善……既转礼部，上特命凡内阁制诰文章，仍令管理……在馆局，于诸书开宗起例，悉有条贯，选古文三集，（指《古文渊鉴》。引注。）篇皆下意，每奏一篇，多称善也。先后赐御书苏轼词及临轼书《宋玉对楚王问》。在经筵时，赐御书「博学明辨」四大字……立斋公中年罢官，仍留修史。公退食，必相过邸舍中，所商略皆国家大计、民行休戚，而一不及私。』

秋　朱彝尊《日下旧闻考》成，乾学捐资锓木，并为序。《憺集》二十《日下旧闻序》：『余年二十五（在顺治十二年。引注。）克贡入太学，摩挲石鼓文字，讨论燕昭以来雄都旧迹，一时茫然无所质证。后数来京师，谒王文贞公、（王崇简。引注。）少宰北海孙公，（孙承泽。引注。）为言旧迹甚悉，亦略辨记载之讹。尔时抠衣循墙，侍先生长者侧，未敢越席而问。既入翰林，交于秀水竹垞朱君，（朱彝尊。引注。）君博学洽闻，叩之不竭。尝与联骑出，指示某处某朝旧迹，若指诸掌。如罗城西南悯忠寺……言之滚滚。余尝病刘同人《帝京景物略》颇多抵牾，劝君录所见闻为一书，以比《西京杂记》《三辅黄图》之义，君笑曰「诺」。逾年书成，曰《日下旧闻》。余辍光禄馔金助剞劂费，为序其大凡如此。』杨谦《朱彝尊年谱》本年：『秋，《日下旧闻》四十二卷成。冬日开雕。徐尚书乾学捐赀锓木，为之作序。』

本年　乾学与李光地争掌院学士一职，未果。李光地《榕村语录》第699页：『予告归（李康熙二十一年归里。本年回京。引注。）后，徐健庵即狠下手结陈则震，（陈梦雷。引注。）云予「本观望也，使人到本朝也，自己到耿王处也，通郑家。（郑家，指据台之郑经。引注。）幸而本朝成事，他如今就算全节。」至丙寅年再入，徐健庵即以陈则震《绝交书》送进，上疑团百出……徐健庵又变出一段话，云予族众万馀，有事时，予本有霸王之志，坐观成败。「其为人臣，非其本志，故来朝辄去。即在朝，日与二三同心讥切时政。」上遂各处侦探采访，而不得其踪迹。』刘建新撰《徐乾学》：『翰林院掌院学士是升任大学士的捷径。徐乾学自认为掌院一职非己莫属。不料康熙却钦命李光地任掌院学士。（本年底授，任至二十八年五月由徐元文接任。引注。）徐乾学授意翰林院中的门生故吏对李光地排挤吹求，使他上任不到半年便不得不以母病为由，告假回籍。」按，明珠、徐乾学此时已完全合流。李光地初附索额图，明、徐皆欲抑李升迁。乾学争掌院失利，后于康熙二十七年又使熊赐履于康熙南巡时构言光地诸事。于是李光地在《榕村语录》第723页称：『予平生与人无怨怒，独于徐健庵则不免略有之，盖无故而必欲见杀，不遗馀力，可怪耳。』又称：『徐健庵便是此等善造逡巡酒，能开倾刻花。立时撰出一段话来，有问有答，又像其人之声口，并其时地，俱历历可考。在他口中语……一段矫诈不情，忍心害理之状，令人可以怒发冲冠。』

本年，徐元文以外侄女婿王缉植咨送吏部，镌四级，仍留修史。据韩菼《徐元文行状》。又，《昆新合志》卷二十五第十五页王楫植传称其为王喆生从兄。本年王喆生亦受连累，乞养归，遂绝意仕进。

约本年，乾学曾于廷议时为好友陈廷敬开脱。韩菼《徐乾学行状》：『在礼部时，山西巡抚某以溺职逮，（或指满洲穆尔赛。去年革职。杀。引注。）廷臣会议，有言其居官安静者。上诘责，则诿之泽州陈公。（陈廷敬。引注。）公独抗言「无是语。」众皆愕眙。』陈廷敬为山西人，或其曾回护穆尔赛。而乾学、廷敬为世交，陈父曾拔乾学入苏州府学，故力保之。

本年乾学诗有《御试首春懋勤殿应制》《御试孟春扈从祈谷坛应制》《八月十一澹人招同西溟方虎饮花下赋》澹人即高士奇。西溟即姜宸英。方虎即徐倬。《祈雨毕奏事西苑叠韵上会清、存庵两先生》会清待考。存庵即严我斯。《祈雨即事》《祈晴》等。《憺集》八。本年夏旱秋涝。

本年乾学文有《皇太子出阁典礼议》《皇太子视学议》《憺集》十三。《扶风忠节录序》《憺集》二十。《扶风忠节录》为马雄镇之子马世济所辑先父事迹集，序作于十月。《送杨少司马序》。《憺集》二三。杨少司马即杨雍建，本年十一月乞养归。又上《恭进经籍疏》《纠朝鲜陪臣疏》《憺集》十。《用古钱议》《请禁科场陋弊议》。《憺集》十三。

其中《用古钱议》引各朝均延用旧钱例，说服康熙帝搁置大臣查禁东南沿海地区延用明制旧钱之议，于民生大有关系。韩菼《徐乾学行状》：『闽、越虚市，向用古钱，有入告者谓当穷根株。上以问廷臣，公言自古皆古今钱相兼而行，从民便也。因考前代已行之事，为议以献，上深然之。』此段就乾学著《用古钱议》而言。《清史列传·徐乾学列传》：『时海贼初平，户部郎中色楞额往福建稽察鼓铸，疏请禁用明代旧钱，户部尚书科尔坤、余国柱等议如所请。上以询内阁诸臣。乾学言：「自古皆新旧兼行，以从民便。若设例禁，恐滋烦扰。」因考自汉至明故事，为议以献。谕曰：「旧钱流布，不止福建一省，他省亦皆有也。若骤为禁止，恐不肖之徒借端生事，贻害平民。色楞额所奏不准行。」』文中余国柱及本谱之后提及之余国柱均为湖北大冶之余国柱，字两石。同时有昆山余国柱，字石臣，本谱无涉。

康熙二十六年 丁卯 1687 徐乾学五十七岁 徐秉义五十五岁 徐元文五十四岁

一月 乾学在礼部右侍郎任。刘献廷、本年四十岁。王源、本年四十岁。严虞惇、本年三十八岁。**先后来馆于乾学邸。**王勤堉《刘继庄先生年谱初稿》（载 1935 年 8 月《浙江省立图书馆馆刊》第四卷第四期）本年：『春，先生就徐乾学、徐元文之聘，入京参《明史》馆事。增定《明史·历志稿》。时同馆于徐者，有大兴王昆绳源……四明万季野斯同。先生之入史馆，亦季野所引也。』王源《刘献廷墓表》：『初，故尚书徐健庵及其弟故大学士立斋两先生聘之，不就。至是归里……徐又聘之，乃就。予以修《明史》，亦馆于徐。』《明清江苏文人年表》本年：『常熟严虞惇入京，馆徐乾学家，陆续收集资料，纂为《明食货志》十二卷。安徽钱澄之以徐乾学邀北行，在允州度岁。』

十五日，乾学于碧山堂设宴，出所储酒三十种饮客，命客为《斗酒诗》。张穆《阎潜丘先生年谱》：『《湛园未定稿·斗酒诗跋》：「丁卯元夕，今总宪徐公（乾学。引注。）碧山堂之宴，出所储酒三十种饮客，命客为《斗酒诗》。明日，相继以诗来者若干人。」又曰「时座中皆南人，多右南而左北。」张穆案：潜丘（阎若璩。引注。）盖于前一年归里，为牛叟先生（若璩父。引注。）称觞。故座中无北人也。健庵以九月升总宪，跋当作于九月后。』郑方坤《名家诗抄小传·澹园诗抄小传》形容乾学招摇呼应状颇生动，姑系于此：『先生尤知人，能得士，有「人伦水镜」之目……每于退朝之暇，簪履满堂。先生口酬辨问，手缮简笺，耳受陈禀，兼施并给，曾不错误。宾退则书卷随身，辄亲铅椠，即饮阑寝倦，曾无休息之时。』

五月

十一日，康熙帝召乾学等于乾清宫考试，藉机诫谕德格勒安加评论。《康熙实录》本日：『上召尚书陈廷敬、汤斌、侍郎徐乾学、少詹事耿介、侍读学士高士奇、德格勒、侍讲学士孟亮揆、侍讲徐元梦、谕德徐潮、中允徐嘉炎、编修熊赐瓒、励杜讷等至乾清宫内考试。上阅诸臣试卷毕，谕曰：「朕政事之暇，惟好读书。始与熊赐履讲论经史，有疑必问，乐此不疲。继而张英、陈廷敬等以次进讲，大有裨益。朕从来不轻评论古人。即如《明史》一书，朕亦不遽加论断。然评论古人犹易，若评论时人更难。如德格勒每评论时人学问，朕心以为不然，故召尔等面试，妍媸优劣，今已判然。总之人之学问，原有一定分量，真伪易明。若徒肆议论，则不自量矣。」」德格勒，隶满洲镶蓝旗，康熙九年进士，授编修，李光地举荐为侍读学士、日讲起居注官。向与明珠党人不和，此前曾暗示康熙帝除掉明珠。康熙帝当众点名诫谕，为德格勒失势之始。

六月 二十二日，乾学孙树穀四子。徐德秩生。据《家谱》。德秩字叙九，号南洲。

二十九日，乾学改礼部左侍郎。《康熙实录》本日：『转礼部右侍郎徐乾学为左侍郎。调兵部右侍郎张英为礼部右侍郎。』

七月 九日，乾学与陈廷敬、高士奇等获赐宴西苑。

八月 乾学长子徐树穀任山西乡试副主考官。韩菼《徐乾学行状》：『树穀奉命主山西试，戒以勿负初心……既而炯主福建试，（在康熙二十九年。引注。）戒亦如之。』

乾学三子徐树敏、侄徐树本中顺天乡式。《家谱》：『树敏……丁卯举于乡。』《昆新续志》卷十八《选举表二 历朝举人》。

九月 二十一日，乾学擢左都御使。《康熙实录》本日：『调工部尚书王日藻为户部尚书，礼部尚书、管詹事府事汤斌为工部尚书。升礼部左侍郎徐乾学为都察院左都御史。』王日藻字印周，号却非，松江府金山县干巷乡人，顺治十二年进士。光绪五年刊《重修华亭县志》卷十六第十页有传。1989 年版

《金山县志》有小传，称其生于1623年，则本年约六十五岁。日藻为乾学姻亲。乾学有一养女嫁其长子王于恒。甫上任，乾学即劾江西巡抚安世鼎、本年十一月二十八日革职。河南巡抚章钦文明年正月二十九日革职。等，因而与科尔坤、佛伦结怨。韩菼《徐乾学行状》：乾学『在礼部岁馀，升都察院左都御使，时丁卯九月也。公语人「我何敢远希古人，近不愧吾弟足矣。」时江西巡抚某、（安世鼎。引注。）河南巡抚某（章钦文。引注。）及山西、甘肃总兵皆不职，公俱上疏劾罢之……公在礼部，多所建明。菼尝退而私于公子（约指徐树榖。引注。）曰：「愿吾师他日勿长都察院。」已而菼谢病归，（韩菼本年二月二十一日自内阁学士任乞养归里。引注。）不复常相闻。未几而楚狱兴，（指湖北巡抚张汧受贿事。引注。）又未几而两遭弹劾，自是公祸无宁岁。呜呼！其不幸而菼言中也。』《行状》又言乾学请停藩臬入觐及武闱磨勘诸事，略。又受明珠指使构陷汤斌。

李光地《榕村语录》第753页：汤斌『丁卯九月，为苏州海税事，（指去年，明珠以部费为名，令时任江宁巡抚之汤斌增加江南赋税，汤未明确表态。引注。）为徐健庵所中。上下旨切责。至十月，而汤逝矣……上意方向东海之学问，因内召汤以挡徐。汤为大冶（余国柱。引注。）同年，又外不甚露锋棱如魏环溪，（魏象枢。引注。）故二君欲借一用。（此指康熙帝欲借重汤、魏以抑徐。引注。）徐恐出己上，遂必挤之下石，即发动海关事。值廷议，东海先诉汤云：「今日之事，苏州数百万生灵悬于老公祖，主此议者，非老公祖而谁？」（老公祖，指汤斌。此议，指增加江南税赋之议。此话以恭维口气说出，暗示汤应为地方着想，抵制增加税赋。引注。）汤云：「某已进来，何力之有？」徐曰：「虽然，老公祖皇上倚重，又新在地方上来，知此事之切者，莫如老公祖。合郡生灵，敬以相属。」及廷议，徐却不言……汤遂云：「与民争利的事，岂有与地方有益的？但只得其人还好，若不得其人，四处巡拦，害民无穷。」回奏，大家含糊，也不入此一段言语，不过是闲论语。东海入南书房，即增饰此一段话，入在皇上耳，谓汤言此事民甚苦。上召明公（明珠。引注。）云：「汤某是道学，如何亦两口？彼进京时，予问以海关事，彼云无害。今日九卿议，如何又说害民，你问他。」汤被传问。在途，大冶附耳云：「有人害年兄，到阁可只伸说得其人便无害语。」汤如其言以对……明（明珠。引注。）又将此语修饰回奏，上以为是，大怒东海，着人切责云：「都是汝苏州乡绅欲做买卖，恐添一关，于己不便，上牟公家之利，下渔小民之利，死不肯设此，而又赖汤斌说害民。汤斌何尝有此语？……」徐健庵绝不慌，言：「汤如何赖得？九卿实共闻之。不然，可问梁清标。若此语是臣造的，难道他在苏州出告示安慰百姓，上有钤的印，也是臣造得不成？」上问云：「告示何在？」健庵云：「臣家就有。」上云：「你明日带告示来。」明日果将此送进，上大怒云：「原来假道学是如此。古人善则归君，过则归己。如今的道学，便是过则归君，善则归己。」……上即命尹泰传旨责问（汤斌）：「你是大臣，你说海关不好，部议不准，我依部议是常事。果然不好，何妨再三争？我未必就把你问罪。古大臣不避斧钺，为民请命，何遽不言，卸过于我，而云汝爱民有心，救民无术，将谓我无心爱民耶？」汤彼时还可解说，汤讷于言，只磕头谢罪而已。此事由南书房转奏，北门、（指明珠。引注。）大冶皆不知。徐又向汤云：「此告示是大冶拿进，北门、宛平不相容。」而他为之愤懑不平，涕泪交流，一日一遍去安慰潜庵。汤至死不知其由东海也。如今人将此狱归之北门、大冶，又移之翁宝林、王俨斋。全无干。翁、王不过见皇上怒，廷叱之，参劾之，以助上威怒而已，非起祸之由也。」此系李光地一家之言。明珠欲增江南税赋不成，即有倾覆汤意。乾学实受明珠指使而参与构陷。文中所谓『东海入南书房……谓汤言此事民甚苦。』即明珠授意。事载彭绍升《汤文正公事状》甚详。另可参见《清代人物传稿》上编第六卷《明珠》。上疏弹劾汤斌者为翁叔元。翁曾跪地求姜宸英为隐其事，事载方苞《方苞集·记姜西溟先生遗言》。或乾学曾为润色疏稿，一如明年初参劾明珠疏。

何焯因请削门生籍。全祖望《鲒埼亭集》卷十七《长洲何公墓志铭》：『及尚书（乾学。引注。）受要人（暗指明珠。引注。）指，劾睢州汤文正公，满朝愤之，莫敢讼言其罪。独慈溪姜征君西溟（姜宸英。引注。）移文讥之。而公（何焯。引注。）上书请削门生之籍，天下快焉。然公竟以是潦倒场屋，不得邀一荐，最后始为安溪李相（李光地。引注。）所知。』后康熙四十年，何焯入李光地幕。

十月　汤斌逝，乾学为理其丧，并撰神道碑文。韩菼《徐乾学行状》：『睢州汤公之抚吴，不名一钱，及为尚书，没，无以殓，公亟出橐中金助之。』

十一月二十八日，吏部复议乾学所奏安世鼎疏，拟照不谨例革职。康熙帝批复，安世鼎及其所在江西布政使张所志一并革职。《康熙实录》本日：『吏部议覆，都察院左都御史徐乾学疏参江西巡抚安世鼎才守俱劣，不宜久尸厥位，应照不谨例革职。得旨：「安世鼎著革职。布政使张所志系安世鼎同城之官，巡抚科派营私，必与布政使通同作弊。布政使果能清正，巡抚岂能独自妄行？张所志素行不谨，有玷官方，亦照不谨例革职。」』

冬　于成龙揭发明珠等卖官事，为明珠失势之始。李光地《榕村语录》第739页、第743页：『丁卯年冬，上谒陵。于成龙在路上便对上发政府之私，说官已被明珠、余国柱卖完。上曰：「有何证佐？」曰：「但遣亲信大臣盘各省布政库银，若有不亏空者，便是臣诳言。」是时，高士奇、徐乾学尚为明、余所掩……上问：「是谁卖？」曰：「不过是满、汉宰相，还有何人？」既参北门（参劾明珠为明年初事。引注。）之后，高、徐引（于成龙）为己党，时致殷勤。」

十二月 二十一日，御使陈紫芝疏参湖广巡抚张汧贪黩搜刮事。令革张汧职，并令于成龙、马齐等前往究拟。《清史编年》第二卷第554页本日：『御使陈紫芝疏参湖广巡抚张汧「黩货多端，凡所属地方盐引、钱局、船埠等，无不搜刮……」得旨，张汧著革职，所参各款著直隶巡抚于成龙、山西巡抚马齐、左副都御使开因布驰驿前往，提拿究拟。』明年三月十二日张汧案结，牵连乾学。

本年

二十五日，康熙帝祖母孝庄文皇后病故。

乾学次子徐炯 时任行人司行人。曾以特使身份前往云南颁布诏书。《家谱》：『炯……丁卯奉使颁诏云南，廉洁自矢。』

乾学诗有《西洋镜箱》八月作。所咏或为西洋画师带进宫中之折射式暗箱。《立秋后一日高学士梦中得伏雨炎风正夏阑之句醒后足成之明日以告予口占奉和》高学士即高士奇。《送同官严存庵假还》等。《憺集》八。严存庵即严我斯，本年六月二十一日自礼部左侍郎任乞假归里，八日后乾学接任。文有《翁铁庵元配钱夫人墓志铭》《憺集》三十。钱氏本年六月卒。《工部尚书汤公神道碑》《憺集》三一。汤公即汤斌。此文约作于十月。《工部尚书幼庵朱公墓志铭》《憺集》二九。朱幼庵即朱之弼，本年十月卒。文略云『舍弟立斋于公有通门之谊，以是数从公游，比往来尤密。又次儿炯出公门下。今年秋公卧疾，数往候公。十月之朔，执手榻前。』《祭宋文恪公文》《宋文恪公行状》《憺集》三三。宋文恪公即宋德宜，本年卒。《陈母冯安人墓志铭》《憺集》三十。冯氏为高士奇女婿陈季方之母，本年卒。《王清有先生墓志铭》《憺集》二八。王清有即曲周王休健，本年卒。《焦林二集序》等。《憺集》十九。《焦林二集》为梁清标著。

本年底至明年初，乾学陆续上《恭请圣躬稍节劳悴疏》《恭请丧制以日易月疏》《山陵大礼告成恭慰圣怀疏》《憺集》十一。及《拟大行太皇后谥议》。《憺集》十三。

本年陈廷敬有诗《七月九日召左都御使臣廷敬、侍郎臣乾学、学士臣英、侍读学士臣士奇、编修臣讷赐食西苑秋云亭遣中使就赐御书及内制珐琅涂金鑪鉼匙箸香盒各一恭记》及《晚春下直同健庵侍郎》。《午亭文编》。

康熙二十七年 戊辰 1688 徐乾学五十八岁 徐秉义五十六岁 徐元文五十五岁

一月 二十三日，康熙帝于乾清门听政时，御使郭琇疏参靳辅治河无功。《清史列传·徐乾学列传》：『乾学初任左都御使……遇会议会推，与尚书科尔坤、佛伦等多龃龉。其会议河工、屯田事也，同尚书张玉书言屯田所占民间地亩应归旧业，科尔坤、佛伦弗从。御使陆祖修因疏劾科尔坤、佛伦等偏袒河臣靳辅，不顾公议。御使郭琇亦劾靳辅兴屯累民，敕罢靳辅任。」《清史编年》本日：『康熙帝着青色布衣于乾清门听政。御使郭琇疏参靳辅治河无功 …… 户部尚书王日藻等议靳辅请屯田一事有累于民，应行停止。康熙帝命九卿等察议。」《清史稿·列传·徐乾学》：『明珠当国，势张甚，其党布中外，乾学不能立异同。至是，（本年。引注。）明珠渐失帝眷，而乾学骤拜左都御史，即劾罢江西巡抚安世鼎，讽诸御史风闻言事，台谏多所弹劾，不避权贵。明珠竟罢相，众皆谓乾学主之。时有南、北党之目，互相抨击。尚书科尔坤、佛伦，明珠党也，乾学遇会议会推辄与龃龉。」

二月 月初，康熙帝授意高士奇参劾明珠、余国柱等。高士奇遂串通乾学，使郭琇上疏。李光地《榕村语录》第739页：『值太皇太后丧，（康熙帝）不入宫。时访问于高，（高士奇。引注。）高亦尽言其状。（指明珠、余国柱等结党纳贿事。引注。）上曰：「何无人参？」曰：「谁不怕死？」上曰：「有我。若等势重于四辅臣乎？我欲去则竟去之，有何怕。」曰：「皇上作主，有何不可者。」高谋之徐，（乾学。引注。）徐遂草疏，令郭华野（郭琇。引注。）上之。刘楷、陈世安亦有疏。三稿高皆先呈皇上，请皇上改定。上曰：「即此便好。」次日遂上。这样龙比，狠容易做。陈（约指陈世安。引注。）亲告予。先一日，风声已露，大冶（余国柱。引注。）造陈曰：「闻风声甚恶，云君出疏参我，确有来历？」陈曰：「老师信乎？」大冶曰：「某心正疑，始来问君。」陈叹息曰：「小人之好离间如此。某受老师大恩，豢养何所不至，而敢作此负心事乎？为此言者，亦大不情矣。」余亦疑释。次日疏上，大冶在阁迎陈，执其手扯至一边，问曰：「闻有参疏，信乎？」曰：「有。」问：「参谁？」曰：「参的便是老师。」问：「谁参？」曰：「人甚多，就是门生不得已亦在其内。」大冶失色。

予回顾大冶，震惧已不能行，近阁不过数武，扶石栏杆一步步挪移始能至阁。』同书738页又有与上引内容近似者，略。同书第741页：『郭琇先参明珠、余国柱，是高、徐先说明白，疏稿先呈皇上，上改几字而始上。在戊辰二月。』刘德鸿《纳兰性德研究》分析康熙罢黜明珠原因称：『明珠权压群臣，并干预对皇太子的培养，康熙帝自然不能容忍……明珠是康熙帝异常敬重的太皇太后的信用之人，罢黜明珠的前提是太皇太后病故，直接借口是关于开浚下河，真实原因是康熙帝要更换太皇太后在世时依用的大臣，强化自己的皇权。』

五日，慕天颜再藉治河事参劾靳辅。《清史编年》：『二月初五……漕督慕天颜疏言「会勘河工时，尚书佛伦等皆从靳辅臆说，臣不敢附会。靳辅倡举屯田……百姓苦累。」』按，所谓『屯田』，系指靳辅提出的将河岸涸出田亩按户分垦，取田税偿治河工费。此议遭到江南大臣普遍反对。江南诸大臣希望得到这些新开田亩而不交河工费用。康熙帝利用江南大臣对靳辅的不满，罢免了一直对疏浚下河（康熙之主张）持异议的靳辅。

九日，明珠、余国柱革职。前引余国柱『震惧』即本日事。见《康熙实录》本日。又，邓之诚《清诗纪事初编·徐乾学》：『由内阁学士擢礼部侍郎，以至左都御史。力倡风闻言事。盖圣祖知其得士，欲倚之为搏击之用。』同书徐元文条：『康熙二十七年，乾学被密旨，嗾御史郭琇劾罢大学士明珠、余国柱去位。』《清史编年·康熙朝·上》第558页：二月『初九日……康熙帝因「不忍遽行加罪大臣，且用兵之时有曾效劳绩者」，命从宽处分。勒德洪、明珠革去大学士，余国柱革职，大学士李之芳休致回籍，尚书科尔申、佛伦、熊一潇等解任。』

十六日，乾学以左都御使充会试总裁。《康熙实录》本日：『以大学士王熙、左都御史徐乾学为会试正考官。兵部右侍郎成其范、左副都御史郑重为副考官。』李光地《榕村语录》第738页：『徐健庵主会试，题系「举直错诸枉」，为北门（指明珠。引注。）也…… 健庵主场房官，即命其自择，开列以进（此句意为乾学命前往拜谒之考生，自选名次。有所选名次前后与纳贿额度相关意。引注。）……范光阳，乃果亭（徐秉义。引注。）门生，其文即在健庵家做成，改定入场。』

会试弊情严重，长洲何焯假徐乾学名作《会试墨卷序》刺之。乾学急令书铺毁书，并托苏省官吏访拿焯。据王嵩儒《掌故零拾》卷一《许三礼劾徐乾学疏》。又，沈彤《何义门行状》：何焯『见事不符义，且加讥切。其后绝交于翁，（指翁叔元。引注。）复干徐（指徐乾学。引注。）之怒，至辨讼于大府。』又，全祖望《何焯墓志铭》：『戊辰校文之役，至讼于大府，遂有下石欲杀之者。昆山（指徐乾学。引注。）谓：「何生狂士，不过欲少惩耳。夫何甚。」事乃得解。』又，赵翼《簷曝杂记》卷二：『徐健庵在康熙中以文学受知。方其盛时，权势奔走天下…… 其所居绳匠胡同，后生之欲求进者，必僦屋于旁，俟其五更入朝，辄朗诵诗文使闻之。如是数日，徐必从而物色，有所长，辄为延誉。当时绳匠胡同宅子，僦价辄倍他处。所甄拔，初不以贿，惟视其才之高下定等差。相传乡、会试之年，诸名士先于郊外自拟名次，及榜出，果不爽…… 以是游其门者，无不得科第。有翰林杨某者，其中表也，八月初遇徐于朝，徐问：「欲主顺天乡试否？」杨谓：「幸甚。」徐曰：「有名士数人不可失也。」及夕，则小红封送一名单至。计榜额已满，诘朝，主试命下矣。杨不得已，与诸同考官如其数取之。榜发，而京师大哗，揑名帖遍街市。圣祖闻之，降旨亲审。杨窘甚，求救于徐。徐谓：「勿恐，姑晚饭去。」

翼曰，有称贺于上前者谓：「国初以美官授汉儿，且不肯受。今汉儿营求科目，足觇人心归附，可为有道之庆。」圣祖默然，遂置不问。盖即徐令人传达此语也。尝有人日具名纸谒其门，必馈司阍者十金，而不求见，但嘱以名达徐而已。阍人怪之，密以白徐。徐令留见之。其人故作踖踧状，谓：「吾诚意尚未到，不敢求见也。」强之而后入。徐……固问之，始以情告，欲得来科状元耳。徐曰：「已有人，可思其次。」其人谓：「他非所望，宁再迟一科。」徐许之。然徐不久罢归，其人竟不第。」

长洲陈学洙在京拒纳交徐乾学，试不利，归。据《明清江苏文人年表》转引《江苏诗征》卷二五。陈学洙字左原。徐元文邀常熟陶元淳与修《明史》，陶拒不应。据《明清江苏文人年表》转引《古文汇抄》卷八〇。《阎潜丘先生年谱》康熙十九年引《陶子师墓志》：『君游京师，徐健庵尚书雅重君，为之延誉，名日以高。而其同邑翁尚书（翁叔元。原注。）者亦羡君名，延之邸第。然君性刚直，每与尚书忤，以是尚书转衔之……戊辰殿试，读卷诸公俱叹为奇才，以请减苏松浮粮语激直，抑置二甲。时徐公元文为明史馆总裁，欲留君，竟归。』

二十六日，乾学改任刑部尚书。正二品。出闱就职，仍负责校阅试卷。《康熙实录》本日：『以都察院左都御史徐乾学为刑部尚书。』韩菼《徐乾学行状》：乾学『在台（御使任。引注。）五月……即闱中转刑部尚书，出甫就职，而张汧之事起。』所谓张汧之事，在本年三月。

钱澄之应乾学邀至京师。《憺集》二十《田间全集序》：『丁卯（去年）春，余在礼部，方有文史之役，即安得饮光（钱澄之。引注。）先生北来，一切与就正乎？分两月光禄馔金寄枞阳，（安徽枞阳县，去年底钱澄之所在。引注。）为治装，惟虑其老，不堪远涉耳，乃健甚，慨然脂车。既至，尽

春

出所著书，所谓《田间易学》《田间诗学》《庄屈合诂》及诸诗文。读之，真定、（梁清标。引注。）宛平（王熙。引注。）两相国及余季弟立斋皆笃好之，因谋为授梓以传。』萧穆《敬孚类稿》卷五《记田间先生年谱》：『戊辰春入京师，秋间回里。』

三月 十二日，宫中党争白热化。诸近臣先就治河事互讦，至靳辅、慕天颜、孙在丰去职。当时黄、淮两河在江苏北部交汇后灌入运河，无出海口。康熙初年苏北多患水灾，殃及漕运。治河事繁历久，又掺入党争，难以简述。靳辅去职在本年正月，系因郭琇奏其阻挠（康熙帝主张的）疏浚下河。慕天颜、孙在丰两人为亲家，本日同去职，皆因与于成龙串通，无中生有，排挤靳辅。《清史编年·康熙朝·上》第563页本日：『九卿等议，下河口宜开，高家堰重堤宜停……本日，以靳辅、慕天颜、孙在丰互相攻讦，将三人调任。』乾学于治河意见不多，初曾支持靳辅束堤、整治上河意见，因扩宽下河将殃及徐家在下河两岸之田产。后见靳、慕、孙俱去职，便不再言治河事。详情可参见刘德鸿《纳兰性德研究》第172页《关于开浚下河》一节及《清代人物传稿》上编第八卷《靳辅》《陈潢》《于成龙》《慕天颜》诸条。

同日，于成龙、马齐等审查张汧案结，张汧、祖泽深俱绞监候。《清史编年》本日：『经于成龙、马齐、开音布等审查，查明湖北巡抚张汧……共贪污银九万馀两。又上荆南道祖泽深勒索百姓银八百馀两入己。张汧、祖泽深俱绞监候。』韩菼《徐乾学行状》：『汧（张汧。引注。）抚湖广有秽声，公却其币问，屡谕诸御使「得实即弹劾」。汧恨公，及被逮，诬公以通贿事，法司会讯，汧始吐实，事得白。』李光地《榕村语录》第738页：『场后，（指本年会试后。引注。）张汧与祖泽深相讦，马齐、于成龙出审。而张汧尽发高、徐及泽州（陈廷敬。引注。）书，谓「已原无为巡抚望，诸公迫为之」，谓「不成当便得奇祸」……汧又言「一为楚抚」，诸公又立参祖泽深，遂及于祸。于、马回，尽呈其原书，上尽识其笔迹，因俱解任。』乾学解刑部尚书任在今年五月。又，汪景祺《西征随笔·张汧祖泽深之狱》记祖泽深引高士奇入宫廷事甚详，继云：『高（高士奇。引注。）遂得侍帷幄，不逾年，权倾天下。是时昆山徐尚书乾学为先帝所厚，祖（祖泽深。引注。）复引高北面焉。高以泥途入霄汉，感祖甚，思为之死。祖后为荆南监司，与巡抚都御使张汧忤。一日张汧延总督某（约为徐国相，本年四月十二日革职。引注。）饮酒半，屏左右密语，优人皆出，惟旦儿某以病卧戏箱中不能起，同侪阖其盖而去。督抚言劾祖荆南事，历数其脏私款证，为旦儿所窃听。（旦儿）素与祖有余桃之爱，奔告之。祖急遣人讦巡抚阴事，且嘱徐与高为之地。徐与高先以上闻。越半月巡抚疏始至，遂成抚、道互讦之局。先帝命学士色某（色楞额。引注。）至楚审鞫。徐与高谕色，必留祖而去张。张侦知之，重贿色学士，有两罢之之意。色未归，高奏曰「色某得抚臣赂」。先帝革色某职，不许入京城，充发乌喇……高因奏「应遣亲信大臣往审」，其意在徐尚书，而命下则直隶巡抚于成龙也。徐、高大惊，计无足制于者。巡道胡献征，于之所至亲爱者。外舅大司寇胡公（胡会恩。引注。）时为中允，徐之门下士也，与巡道有昆弟之分。（徐、高）嘱司寇公致巡道闻之直抚。巡道骇曰：「此君乌可干以私者，且徐、高平日所痛恶也」。司寇公（胡会恩。引注。）不敢明言其故，报曰：「已致之矣」。于（于成龙。引注。）至京请圣训，大学士明珠亦以祖托之，于不答。张汧、祖泽深皆贪吏之尤者。于至楚，二人皆拟置重典，人以为快。徐与高无所发怒，则切齿于胡献征。献征升江苏藩司。楚人洪之杰由鸿胪卿擢江苏巡抚，徐尚书之私人也。徐授意洪，必欲去胡……百计厄之，胡遂告病去。色学士审后，祖系于狱……总漕慕公天颜下狱。（慕下狱在本年四月十八日。引注。）先公（本文作者汪景祺父汪霦。引注。）尝令余入视，诸贵人皆不入监，寓板房中。祖所居与慕颇近……「陈叔宝全无心肝」可以移赠矣！戊辰年六七月间事。祖竟瘐死狱中，张汧幸得出，高受恩处颇多，后皆凶终隙末。惟（高士奇）于祖则始终以师礼事之。高是年解官，盖为祖所累云。』李光地《榕村语录》第740页：『恰好张汧事发，遣于成龙往审。张汧参祖道泽深，祖道遂讦张汧亏空帑藏。张汧遂发高澹人、徐东海、陈泽州（陈廷敬。引注。）之私，曰：「予已老，为布政足矣，岂敢妄意巡抚？无奈诸公督促之，云若不为巡抚，岂独无布政，且不免祸。今其书俱在也。」泽州乃汧之亲家，亦大受此伤矣。于（于成龙。引注。）回，将各人私书俱呈上。』

约本月，钮琇代乾学撰《为徐司寇与慕中丞求婚启》。钮琇《临野堂文集》卷二第四页。徐司寇即乾学。古称刑部尚书为司寇，乾学本年二月二十六日至五月在刑部尚书任。慕中丞即慕天颜。天颜本年三月二十四日解职，四月因阻挠靳辅治河事发下狱。则推知此文当作于本年二月二十六日至三月二十四日之间。所提婚事当为乾学孙（树穀三子）徐绵聘慕国璇女事。徐绵本为树穀三子。康熙四十二年出嗣元文次子树本后。慕国璇或为慕天颜子辈，待考。其婚事约成于康熙二十九年。见本谱是年。

五月

为张汧事，乾学上章乞休。八日，解乾学刑部尚书任。命仍领诸书馆总裁，三日一直内廷。《康熙实录》本日：『吏部尚书陈廷敬、刑部尚书徐乾学各以疾乞休，命原官解任。』韩菼《徐乾学行状》：『公乃上疏乞归……准解部事，仍领各馆总裁，三日一直内廷。公不敢复求归，题所居书室曰「愿遂」，磨丹渍墨，修书其中，无日不思遂初也。』《清史列传·徐乾学列传》：『先是，命侍郎色楞额往湖广鞫上荆南道祖泽深被劾各款，并察巡抚张汧有无秽迹，色楞额于劾款悉为开释，又不察劾张汧。御使陈紫芝旋劾张汧贪黩，命左都御使开音布往，会直隶巡抚于成龙、山西巡抚马齐复审。既鞫实，张汧、祖泽深婪索事，复得祖泽深交结大学士余国柱，为嘱色楞额徇庇，及张汧未被劾时，遣人赴京行贿状，下法司严议核拟。时余国柱因御史郭琇劾其与大学士明珠、尚书佛伦等营私附和，已罢归。法司请檄追质问，并鞫诘张汧行贿何人，汧以分馈甚众，不能悉数抵塞。既而指出乾学，上命免余国柱质问。复谕曰：「此案严审牵连人多，就已经审实者即可拟罪，勿令滋蔓。」于是色楞额、张汧、祖泽深论罪如律，事遂寝……乾学寻乞罢，疏言：「……张汧横肆污蔑，只缘臣为宪长，拒其币问，是以衔恨诬扳。幸皇上鉴臣悃愊，当众臣传问，汧供语参差，驾虚凿空，良心难掩，随即自吐实情。然非圣明在上，是非几至混淆……伏冀圣慈，放归田里。」疏入，得旨：「览奏，情辞恳切，准以原官解任。其修书总裁等项，著照旧管理。」』李光地《榕村语录》第738页：『但解任后，高、（高士奇。引注。）徐（徐乾学。引注。）声光更盛，日日入南书房修书。凡有文字，非经徐健庵改定，便不称旨，满、汉俱归其门。』同文又云：『高澹人、徐健庵、陈悦岩三人，戊辰四月，（疑误。引注。）已为张汧一案俱革职。但高、徐自落职后，声焰更炽，纳贿更多，虽革职，尚留在京修书，日日入南书房直。』

二十二日，乾学孙 徐树敏四子。 徐德裕生。 据《家谱》。德裕字启佑，号谦斋。《昆新合志》卷二十二第三十六页有德裕小传。

徐秉义接黄宗羲至昆山。 据黄炳垕《黄宗羲年谱》本年上下文推测，事当在五月间。

六月　元文复代乾学任左都御史。 自二月二十六日乾学改任刑部后，是职一直空缺。

十月　约二十二日，康熙帝于太庙见乾学上请节哀诸疏，盛赞其才。李光地《榕村语录》第738页：『皇上送太皇太后灵，（据《清史稿·孝庄文皇后传》，奉太后梓宫诣昌瑞山，在本年四月。引注。）在路上，于振甲（于成龙。引注。）已为诸公所中，皇上时时叫去，在宫门上骂，说：「他们几个同我读书的人，你必定都要弄了去，为什么呢？」他亦笨笨的回答说：「臣为什么？不过是为要尽忠报国。」及太皇太后已安葬，皇上不肯剃头，大家求剃头。（据刘建新《清代人物传稿·徐乾学》推测，以下徐乾学就地手书奏折事在本年十月二十二日，康熙帝率群臣在太庙举行太皇太后神位祔庙典礼前后。引注。）皇上著人来问「有奏摺么？」徐健庵那时候就对着伊中堂，铺一张纸在石头上，草成写进。皇上问：「是现做的？这样快吗？」伊奏：「是徐乾学在地上一笔写成的。」上夸其敏，又叫于振甲到宫门说：「我左右动得笔的，是徐乾学、陈廷敬、李光地、张英、叶方蔼这几个人。这大文章，该是于成龙做，你为什么不做，叫徐乾学做呢？」他又奏：「叫臣做，臣晓得什么？」』

十一月　江浙居京要人为乾学举寿宴。

十二月　十九日，乾学改任户部尚书。前任王日藻省假。旋以元文迁刑部尚书。自此左都御使再度空缺，至明年五月郭琇任。

本年　乾学诗有《闱中即事呈太傅宛平公、成少司马、郑副宪暨分校诸君》宛平公即王熙。成少司马即成其范。郑副宪既郑重。《奉邀太常悦岩先生虎坊桥南别墅宴集同姜、朱二翰林》悦岩即陈廷敬。姜指姜宸英。朱指朱彝尊。《悦岩先生招同竹垞、西溟黑窑厂最高处宴集赋谢》竹垞即朱彝尊。西溟即姜宸英。《朱碧山槎杯歌为江村学士赋》

等。《憺集》八。「朱碧山槎杯」为元代金属工艺高手朱碧山所造槎形杯。江村即高士奇。文有《戊辰会试策问五道》《憺集》三六。《戊辰会试录序》《憺集》二十。《戊辰会墨录真序》《憺集》二八。《礼部颁行房书序》《憺集》二二。中有「会予堕马抱疴」句，当在会试其间。《王令诒制艺序》《憺集》二二。王令诒即王原，本年成进士，未及用，馆于乾学邸。后随往江南与修《一统志》。邓之诚《清诗纪事初编》：王原「为徐乾学亲近门人……乾学父开法遭难，匿羽明（王原岳丈蔡羽明。引注。）静室，期年获免。乾学兄弟既贵，父事羽明不改……乃荐原质敏勤学。此徐、王会合之始。事详褚联《明斋小识》……徐、李（光地。引注。）分党角立，原等劾光地，若为乾学抱怨。故圣祖必一罚俸、一革职。」《孙孺人墓志铭》孙孺人为陆圻妻。陆圻子陆寅本年成进士。乾学应邀为撰此铭，载《憺集》三十，略云：「钱唐陆寅来京师，避城西萧寺不出，余私叩其所以，曰「寅父隐君（指陆圻。引注。）弃家远循，遍求之东南不得，今将道胶莱，来往海上成劳诸岛间踪迹之，冀有遇焉。」与余泣别而去……久之，无所遇而返。岁丁卯，（康熙二十六年。引注。）与京闱荐，值余主试南宫，复得之。寅既成进士，不自喜也。逾月过余请曰：「寅不孝，既不获侍养吾父，而吾母孙孺人自父去后，结忧成疢。岁在戊午，（康熙十七年。引注。）竟捐不孝孤逝矣。寅幸忝一第，行归而谋窆焉。若得夫子惠之铭，则没者无恨，而家隐君之志亦可藉以不泯。」余哀其意。不忍辞。按状：孺人姓孙氏……父文学公讳系康，负才名，与同郡吉水令陆公游甚善。文学早没，无嗣。吉水长子名圻，字丽京，即隐君也，以旧好故，因求婚于孙氏，孺人遂归焉……庄氏大狱起，（指庄廷鑨明史案，发于康熙二年。引注。）株连被逮，祸不测……海昌查举人继佐……先自列而并疏范贡士骧及隐君名，缘此，狱得解……遂瓢笠长往，去不返顾，孺人泣留之不得，（陆圻出游约在康熙六年，时五十五岁。引注。）……（孙氏）卒于康熙十八年二月，年六十有七。』《工部尚书汤公神道碑》《憺集》三一。汤公即汤斌。《额驸将军勤僖耿公墓志铭》《憺集》二七。勤僖耿公即耿昭忠，耿继茂子，耿精忠弟，康熙二十五年卒。《祭姚岱麓先生文》《憺集》三一。《都察院右佥都御史岱麓姚公墓志铭》《憺集》二八。姚岱麓即姚缔虞，本年四月卒。《祭汪蛟门文》《憺集》三三。《刑部主事季甪汪君墓志铭》《憺集》二九。汪蛟门、汪季甪汪懋麟，本年卒。《送熊逊修侍读归养序》《憺集》二三。逊修即熊赐瓒，赐履弟。本年归养。《御选古文渊鉴后序》及《进呈御选古文渊鉴表》。《憺集》十二《御选古文渊鉴后序》：『管理修书总裁事务、原任刑部尚书、今给假回籍臣徐乾学……伏蒙诏旨，敢不竭其编摩。仰禀高深，得稍窥。夫条汇排理既竣，次第进呈，谨以校过《御选古文渊鉴》正集八十卷、别集二十六卷、外集八卷，随表上进以闻。』《憺集》十九《进呈御选古文渊鉴表》：『皇上……选定《古文渊鉴》既成，命臣编注，别为三集上之。御制序文，冠诸篇首……今年春，臣乾学以蒙恩赐假，奉辞便殿。皇上面谕臣撰为后序以进……臣以微末，获操铅椠，以从事斯局者六年，（康熙二十一年乾学任《明史》馆总裁，至今六年。引注。）于兹敢敬述所自，窃附于见知之末云。』

本年，陆元辅再入乾学幕。《碑传集》张云章《陆先生元辅墓志铭》：陆元辅『将辞之（指余国柱。引注。）南下，余公遽以劾罢。（陆元辅甫辞余国柱幕，余即被劾，显系乾学暗通消息于陆，则陆为乾学安插于余家之耳目明甚。引注。）复留徐公（乾学。引注。）所，期年而归。（陆元辅明年先于乾学南归。引注。）……既归，贫不自给，复馆徐公家，（在康熙二十九年。引注。）然以年力渐衰，不容客外，乞所代辑书以归。」

康熙二十八年 己巳 1689 徐乾学五十九岁 徐秉义五十七岁 徐元文五十六岁

一月 康熙帝启程南巡，亲自勘察黄河出海口河工。

二月 康熙帝在南京召见熊赐履。赐履按去年乾学使人所告，极言乾学之能，并贬李光地、高士奇、王鸿绪等。李光地《榕村语录》第741页：「己巳年，上南巡。徐（指徐乾学。引注。）先使人语孝感（指熊赐履。引注。）以故，而嘱其：皇上……所不喜者，高士奇、某（指李光地。引注。）及王鸿绪诸人。喜者，他（指徐乾学。引注。）兄弟其首也。喜者当极力推荐，不喜者当极力排斥也……及南巡，予（李光地。引注。）随驾至南京，（在三月初一。引注。）果见孝感日中而入，上屏退左右，与语，至黄昏始出……到京，（康熙帝一行三月十九日到京。按是次南巡，高士奇随驾，回京途中康熙帝已向其透露熊所言。见《清代人物传稿·高士奇》。引注。）高见徐，自然颜面之间带出此像，徐谋之益急。」

三月 乾学、元文率徐树穀、徐炯招姜宸英、朱彝尊、胡渭等修禊城南祝氏林亭。

五月 元文由户部尚书升文华殿大学士，正一品。兼翰林院掌院学士，充《平定三逆方略》《一统志》总裁。据韩菼《徐元文行状》。

六月 考选科道，徐树穀中选，授山东道监察御史、协理江南道事。《家谱》：『己巳，授山东道监察御史、协理江南道事。』韩菼《徐乾学行状》：『考选科道，公子树穀、炯俱在选中。立斋公时在阁，乞循故事回避，上不允，特用树穀为御史。而副都御史许三礼遂缘是劾公，（在本年十月。引注。）且谓公潜住京师。部议，坐诬降级。三礼益恚，复讦奏。上以其图免己罪，特加严饬。』

九月 廷中江浙大僚内讧起。

十九日，乾学授意郭琇上疏，参劾高士奇、王鸿绪植党营私等四罪。李光地《榕村语录》第741页：『大山（杨钟岳。李光地党人。引注。）云：「郭华野参高澹人、（高士奇。引注。）王俨斋（王鸿绪。引注。）之日，（即本日。引注。）予正馆健庵家。（杨钟岳以李党住徐家，可见当日朋党间互相安插线人已为常。引注。）是日，忘为何故，设四席酒馔，次座是黄子鸿，（黄仪。引注。）予在东。健翁南向横头坐。家人来报此事，健翁注酒成窑碗（明成化年间景德镇出产，又称成化碗，颇名贵。引注。）中持饮，应声坠地，谓其子师鲁（徐树敏。引注。）曰：汝应去告汝师。谓王俨斋也。今观之，其设席、来报、坠碗，皆有意洗谤也。明、（明珠。引注。）余（余国柱。引注。）既罢相，权归高、（高士奇。引注。）徐。（乾学。引注。）徐又见高（与康熙帝。引注。）更亲密，利皆归高，于是又谋高，日与高相结。（指结怨。引注。）谋起孝感（熊赐履。引注。）……至九月，方使郭华野再参，（指参劾高士奇、王鸿绪等。引注。）其稿以徐健庵为之。稿方就，而高澹人已得之。送皇后灵（九月十三日出发。引注。）路上，高即诟徐，徐仰天嘻吁，言谗人相构，至于此极。又呼郭华野至，告以云云，面质其事。别去，徐握郭手曰：「事急矣，先发者制人」。明日，（即本日。引注。）疏遂上。然高已将本稿皇上览矣。会许有三（许三礼。引注。）复参徐，（徐指徐乾学。许参劾徐在本年十月八日。引注。）皇上谓：「汉人倾险，可恶已极。」始俱赶出。徐、高哀恳求留，上固婉转出之……澹人是年冬归。』《榕村语录》又称：参劾高士奇、王鸿绪系『徐东海草疏稿，激郭华野，言汤潜庵（汤斌。引注。）之死，皆由高澹人诸人害之，令劾之。稿才脱手，而澹人已得之梓宫所。高即扯东海至僻处，曰：「老师何为作此事？」东海欷歔，言人造端离间，指天誓曰，携其手觅华野。东海曰：「大奇，适高老先生忽云予做疏稿，令君参伊，今郭君在，老先生试问之。」郭华野曰：「学生今日至此，谁之力也？当日参明、余，非老先生左右，予焉得至总宪？天下容有为负恩之事者，然何为至此？真狗彘不食其馀矣。」高作且信且疑状而散。徐搦郭手曰：「事急矣，先发制人。」次日（九月十九日。引注。）疏入，参五人：高士奇、王鸿绪、陈元龙、王九敬、何楷，请立正典刑。而不知高先已将稿呈皇上矣。因上先见之，高遂受病甚轻。』

自本月至十一月，乾学曾陆续上五疏，请归故里。《憺集》十《乞归第一疏》：『前任楚抚张汧横肆污蔑，秪以臣为宪长，却其币问，又屡谕台员，有闻即当弹劾，是以衔恨诬攀……臣自母丧服阕，趋赴阙廷，于今十年矣……久欲告归改卜，加以犬马齿衰，头发无黑……不得已，归。』

《憺集》十《遵旨回奏疏》为乞归第二疏：『本月（九月。引注。）……二十一日奉旨：「著徐乾学明白回奏……」臣……律身不严，致罪臣张汧所供。臣若果受张一钱，臣甘寸磔……蒙皇上隆恩，以臣粗知学问，准解部务，仍领各馆总裁。臣杜门谢客，早夜编摩，六十之年，焚膏继晷，咯血反胃，病势多端，其兢兢不敢少懈者……每隔数日入值赴馆，与高士奇等奉旨共订书史，校雠御选古文，此外并不相见……宪臣谓臣「优柔系恋，潜住长安」。臣忝冒眷遇，非可潜住之人。京辇都会，非可潜住之地。

又谓「乘留修史为名，出入禁廷」。臣留京有谕旨，总裁有专敕。修书非可托名，禁密岂容轻入？……臣子树穀赴考，原经吏部题请，奉旨「一体考试」，其时大臣子弟与考者，不止臣子一人。臣子现在供职，岂敢违旨不考？臣弟元文又经奏明……安得朦胧与考？……伏乞皇上立赐退斥，亟还田里，并罢臣子言职，以安愚分。』《憺集》十《乞归第三疏》：『宪臣许三礼前因与臣议先贤先儒坐位，（此为康熙二十五年事。引注。）其言不合经典，臣于九卿奏对之时斥言其非，本以公事相争，不谓触其私怒……臣总裁《会典》，业与诸臣编辑告成……至于《一统志》，考究略有端绪。臣今方寸瞀乱，不能复事丹铅。皇上若放臣还里，既远危机，复得闲暇，愿比古人书局自随之义，屏迹编摩，庶得及早竣事。』

高士奇、王鸿绪休致回籍。

十月

八日，许三礼劾乾学解任后仍潜住京师，招摇纳贿，并树穀考选科道违例事，请将乾学逐出史馆。吏部驳回。《康熙实录》本日：『吏部议覆，都察院左副都御史许三礼疏参原任刑部尚书徐乾学革职之后，留恋长安，以修史为名，与高士奇招摇纳贿，并其子徐树穀违例考选。奉有「徐乾学回奏」之旨。今据徐乾学回奏：「臣从前具本辞职，蒙皇上隆恩留京，充各馆总裁，并非私行潜住。臣子徐树穀考选时亦系请旨准行，非敢违例。」查徐乾学系奉旨留充各馆总裁。徐树穀亦系请旨考授御史，其与高士奇招摇纳贿之处，并无实据。许三礼所奏不实，应降二级调用。得旨「许三礼著降二级，从宽留任。」』《清史列传·徐乾学列传》：『二十八年……左副都御史许三礼疏劾乾学曰：「原任刑部尚书徐乾学者……被罪臣张汧所供……又复优柔系恋，潜住长安，乘留修史为名，出入禁廷，与高士奇相为表里……其子试御使徐树穀不遵成例，朦胧与考，名有所恃……」得旨「所参事情，著徐乾学明白回奏……」乾学回奏曰：「宪臣谓臣律身不严，致罪臣张汧所供。臣若果受张汧一钱，臣甘寸磔……」疏并下部察议，以所劾招摇纳贿，皆无实据，即所劾朦胧考选，亦不详确，许三礼应降二级调用。议甫上，三礼复疏劾乾学曰：「三品以上大臣子弟不得考选科道成例，遵行已久，无敢紊越。今乾学回奏，指称吏部提请，阁臣奏明，以钳制言官……不得不列款纠参，恳乞穷究：一、乾学于丁卯（康熙二十六年。引注。）乡试、戊辰（康熙二十七年。引注。）会试，在外招摇门生亲戚、有名文士，各与关节，务期中式。有苏州府贡生何焯往来乾学门下，深悉其弊，特做会试墨卷序文，刊刻发卖，寓言讥刺。乾学闻知，即向书铺将序抽毁，刻板焚化，嘱托江苏巡抚访拿何焯，至今未结。一、乾学发本银十万两交盐商项景元，于扬州贸易，每月三分起利。本年七月间，令伊孙壻史姓、家人李潮押同景元于八月二十四日到京算帐，共结本利一十六万馀两。又布商程天石新领乾学本银十万两，现在大蒋家胡同开张当铺……一、乾学以门生李国亮为江苏按察使，代为料理。国亮差刘管家送银一万两，交乾学管家吴子彦、吴子章收……吴子彦为张汧事发逃回，吴子彦胞弟子章收。伊弟元文入阁办事，国亮差刘管家送贺礼银五千两，交吴子章收缴。一、乾学认光棍徐紫贤、徐紫书二人为侄，通同扯牵，得赃累万。徐紫贤、徐紫书现造烂棉花胡同花园房屋……乾学之赃半出其手。一、乾学因弟拜相后，与亲家高士奇更加招摇，以致有『去了余秦桧，来了徐严嵩；乾学似庞涓，是他大长兄』之谣，又有『五方宝物归东海，万国金珠贡澹人』之对……一、乾学遣弟徐宏基遍游各省抽丰，克剥民膏，独于河南磁州、彰德等处，久恋一载有馀，放赌宿妓，良民受害，怨声载道。一、乾学买宪臣傅感丁在京房屋一所，价银六千馀两，买学士孙在丰在京房屋一所，价银一千五百两，买慕天颜无锡县田一万顷，京城绳匠胡同与横街新造房屋甚多，不能枚举。苏州、太仓、昆山、吴县、长洲、常熟、吴江等州县俱系徐府房屋田地。一、乾学子侄徐树屏、徐树声于甲子（康熙二十三年。引注。）科賁缘中式，弊发黜革，行止有亏，莫此为甚……」一疏入，得旨「许三礼身为言官，凡有纠劾，当据实一并指陈，乃于交部议处后，复列款具奏，明系图免己罪。著严饬行。」一命免许三礼调用，仍留任。』王嵩儒《掌故零拾》卷一有《许三礼劾徐乾学疏》，与此略同，略引。又，韩菼《徐乾学行状》：『督臣（指许三礼。引注。）一疏入，公子侄名几尽，若非上恩免行察而引绳批根，岂俟嘉定之狱而独中树敏一人哉！树敏既坐罪，上亦怜之，得以赎论。吴中风俗故薄，乘公家祸，饮章告密，无所不至。自上诏谕中外，洞悉市井小民借端凌侮状，乃知敛戢。而公既落职，独得与修书，《古文渊鉴》仍被命撰进评语，人颇目之如「白衣尚书」者，以故得少安。』李光地《榕村语录》第 737 页：『许三礼劾徐健庵，先以疏稿示许时庵。（许汝霖。引注。）时庵乃有三（许三礼。引注。）本房门生。次日（当指十月初八。引注。）疏上，健庵邀时庵至，诘云：「许有三疏，与子同谋？」时庵曰：「此言何来？门生岂敢作此反覆事？」曰：「子昨晚至其家，以疏稿相示，子若不同谋，何不以告？」（可见许家也有乾学眼线。引注。）曰：「看稿是有的，若以告，却不敢，盖两处皆是老师。此事门生原不与闻，偶然撞着，老师持以相示，敢不观耶？观而遽以转告，倘老师先下手，中以祸，则门生将置身何地耶？如老师弹劾许师，门生断不敢与谋，若以稿相示，门生亦但观之，而不以转告许师也。为门生者，职分如此足矣。」健庵仰天叹曰：「人之不同也如是！当日成容若不过一同年友，每见必欷歔相戒曰：家君未尝一刻忘年兄，年兄其备之。（乾学后来为容若编刻《通志堂集》或即念此情。引注。）父子不顾，尚披露肝膈如此，而年兄遂忍不以告？」时庵曰：「老师若引此，门生知罪矣。门生诚然不能效此等肝胆也。」其实许有三此疏，皆有嗾之者，（此或隐喻明珠。引注。）非天真也。故有三之超升，时庵之学院，皆非无因也。』《榕村语录》第 739 至 741 页又云：『许三礼先参东海，（指徐乾学。引注。）上不喜，意欲处许，而许情急，遂胪列狠款复参，（十月初八日。原注。）东海遂不支。先时，高虽出而徐尚在京，声势益大。至此，东海不肯去，上谓高璜渭师曰「徐乾学是汝同年，（高璜亦康熙九年进士。引注。）胡不劝之去？」高向徐言之，徐尚不信，曰：「此旨意，予敢造乎？且年兄在此，予辈所愿也，何为欲令君归？」徐上本告归，上即允徐去。后高为余言，东海之去也，固请陛辞，上见之。东海刺刺不休，上已他顾，而东海近视，不见也，仍哓哓然曰：「臣一去，必为小人所害。」上曰：「小人为谁？」曰：「满汉俱有。」上曰：「你们相倾相害，满洲谁害汝？」曰：「但要皇上分得君子小人，臣便可保无事。」上曰：「如何分？」曰：「但是说臣好的便是君子，但是说臣不好的便是小人。」上若之曰：「我知道了，汝去罢。」始出。』

十日，御史张星法参山东巡抚钱珏贪黩秽迹。钱珏号朗亭，杭州人，高士奇同乡。康熙二十六年二月由顺天府尹升山东巡抚。高士奇嗾使钱珏告发徐乾学、郭琇私荐教官事，因刑部满尚书图纳掩护，乾学无事。李光地《榕村语录》第 740 页：『时张星法参钱朗亭。朗亭，浙人也。高（高士奇。引注。）令钱发东海、（指乾学。引注。）华野（郭琇。引注。）私书，钱因发华野等公荐一教官书……盛符升又与钱书，有「汾阳，东海、长公不喜」之语。发审刑部，尚书图纳、总宪今中堂马公（马齐。引注。）实为问官……图与东海交亲，翻清（即译为满文。引注。）时，将「东海长公」翻作「常工」，竟不知为何语，以误上。』参见《清史编年》第二卷第596页。钱珏与乾学关系致密。此次钱珏供出乾学举荐亲信，系受高士奇支使，为报复此前乾学使郭琇参高事。《清代人物传稿·高士奇》：『郭琇参劾高士奇等疏上后，高暗中寻找机会报复。二十八年九月，御使张星法参劾山东巡抚钱珏贪黩。高与钱有同乡之谊，高即抓住机会为钱珏出谋划策。根据高的建议，钱将徐、郭嘱托举荐亲信的书信呈上。康熙遂令高、徐、王等休致回籍。』乾学交钱珏办者不止其所供举荐教官一事。后康熙三十年，佛伦（康熙二十八年继钱珏任山东巡抚）再次揭发乾学托钱珏庇护潍县知县朱敦厚加收火耗事，终使乾学、钱珏革职。

十一月　乾学上请归第五疏，又请携《一统志》《宋元通鉴》等书局即家编辑。《康熙实录》本月二十六日：『管理修书总裁事务原任刑部尚书徐乾学请假省墓，并请以奉旨校雠之《御选古文》《会典》《明史》《一统志》诸书带归编辑。允之。』《清史列传·徐乾学列传》：『十一月，乾学疏言：「臣年六十，精神衰耗……愿比古人书局自随之义，屏迹编摩，以报万一。」得旨：「卿学问淹博，总裁各馆书史，著有勤劳。览奏请归省墓，情辞恳切，准假回籍，书籍着随带编辑。」』《憺园集》十《备陈修书事宜疏》：『管理修书总裁事务、原任刑部尚书臣徐乾学谨奏：臣于本年十一月二十二日具疏乞休，二十六日奉旨「《一统志》关系重要，纪载务须详核。《宋元通鉴》原书抵牾舛错，议论多偏。卿学博才优，参订考据，确实纂集进鉴。这所奏，俱依议。行该部知道。钦此。」臣……以精力就衰，更需一二相助。现在纂修《一统志》《明史》，文七品俸臣姜宸英、臣黄虞稷学问渊博，文笔雅健……在馆十年，尚未授职，分辑《一统志》已有成绪，若得随往襄助，一如在馆供职，庶编辑易成，事竣之日，仍赴史局，似为两便……臣所辑《明史》正德、嘉靖两朝《河渠志》、儒林、文苑等《传》，容臣一并带回编辑……《宋元通鉴》，臣回籍时亦当加意纂辑。』韩菼《徐乾学行状》：『公以晚节宜全，复上疏乞归……时当仲冬，上命且过冬行，毋触寒为也。』

本年 钮琇代乾学撰《为徐司寇答王中丞婚启》。钮琇《临野堂文集》卷二第七页。钮琇附记：『偃斋（王鸿绪。引注。）为东海门下士，是时偶有蓟甍，故「栖迟」一联及「竹馆芳林」数语皆司寇手自增入。』中丞为御使之别称，『王中丞』当指左都御使王鸿绪。所谓『偶有蓟甍』，约指本年九月十四日乾学使郭琇参王鸿绪、高士奇事。

约本年，乾学长孙徐德俶娶长洲沈氏，本年十七岁。沈朝初女。《家谱》：『配长洲沈氏……康熙己未（康熙十八年。引注。）进士、翰林院侍读洪生公讳朝初女……康熙壬子（康熙十一年。引注。）正月二十日生，康熙壬辰（康熙五十一年。引注。）六月十九日殁于江。存年四十有一。督学张公廷璐有《孝妇传》。』

本年，阎若璩、顾祖禹在乾学邸。阎若璩《古文尚书疏证》卷六上：『忆己巳，与顾祖禹景范同客京师。』

本年，中俄签订尼布楚条约，元文撰《俄罗斯疆界碑记》，载《小方壶斋舆地丛抄》第三帙第四〇〇页。刻石立于格尔必齐河畔。

本年，吴任臣逝，乾学为理丧费。韩菼《徐乾学行状》：『他朝士故友之丧，如……吴君任臣……皆公一人为之经纪，不以告人。』丁申《武林藏书录》卷下第二页《吴託园先生》：『既入翰林，（在康熙十八年。引注。）十年不迁……会词臣奉命校书，多谬误。每奉诘责，众惧，竟以书致，乞代校。迫于情，竭四十昼夜乃终卷，而心疾作。迨中允之命下，而託园已先一日死。年六十二。」又，徐釚有文称吴任臣尝在乾学官邸为「手自缮录」《续资治通鉴长编》，（见本谱康熙二十五年引）当即本年事。

本年，乾学诗有《圣驾南巡诗》《同太宰悦岩公出昭德门见蹴踘者赋之》悦岩即陈廷敬。《送黄主一归为梨洲先生寿》黄主一即黄百家。《送万季野南还》《送翁宝林》翁宝林即翁叔元，本年六月二十七日自水路南归。《奉怀江村宫端扈从》江村即高士奇。《和陈尚书晚春下直之作》陈尚书即陈廷敬。《送汪舟次出守河南》汪舟次即汪楫。《赠陆翼王》《送翼王口占三绝句》陆翼王即陆元辅。本年南归。《棠村先生斋中与诸公坐》棠村即梁清标。《赠高澹人学士》《饮禊祝园分得引字》等。俱载《憺集》九。文有《三抚封事序》《憺集》二一。《三封抚事》为慕天颜著。《家兄孚若诗集序》《憺集》十九。孚若即徐履忱。《昆新合志·徐履忱传》：履忱「有《耕读草堂》之刻，同里叶方蔼序之。其后往来齐鲁燕赵间，纪游益富。二十八年合刻生平所作，凡十五卷，曰《诗抄》，从弟乾学为序。」《王母徐氏墓志铭》《憺集》三十。徐氏为王日藻母。《铭》中云：徐氏「孙三人，长于桓，日藻出，由贡生候补主事，余女夫也。」则知前此乾学养女已出嫁。《内阁学士兼礼部侍郎牛公墓志铭》《憺集》二七。牛公即牛钮，乾学同年进士，康熙二十五年卒。《柏乡魏公墓志铭》《憺集》二七。魏公即魏裔介，康熙二十五年卒，此文作于本年四月。《刑部尚书谥敏果魏公神道碑》《憺集》三一。敏果魏公即魏象枢，康熙二十六年卒，此文作于本年五月。《内阁学士兼礼部侍郎孙公神道碑铭》《憺集》三一。《祭孙学士文》《憺集》三三。孙公、孙学士即孙在丰，本年八月卒。神道碑铭云：『余与公同擢第、同官翰林、记注起居，同被命教习常吉，谊若兄弟。公之撤瑟也，召余属以后事，口占遗疏，俾余书之……輴翣未行，余与诸同年生数往哭焉。』《乞归第一疏》作于本年十一月。《乞归第二疏》《遵旨回奏疏》《乞归第三疏》《备陈修书事宜疏》《礼部尚书谥文贞王公合葬墓表》《憺集》三五。文贞王公即王崇简，王熙父，康熙十七年卒。《吏部左侍郎张公墓志铭》。《憺集》二九。张公即张鹏，本年六月卒。又为陈维崧《湖海楼全集》作序。此《序》未收入《憺集》，见存于乾隆六十年浩然堂刊《湖海楼全集》卷首，略云『值君弟安平令子万为刊全集，属余以一言弁其简端』，末署『康熙二十八年戊辰冬季昆山同学弟徐乾学拜撰。』

本年，徐嘉炎作《己巳三月上巳健庵司寇、立斋司农率两郎君艺初舍人、章仲大行招同姜西溟、金谷似、朱竹垞、胡朏明、王令仪、汪武曹诸子修禊城南祝氏林亭以清流急湍映带左右引以爱流觞曲水十五韵分赋得映字》。载《抱经斋诗集》卷四。朱彝尊作《上巳集南城祝氏园联句》有乾学、元文、彝尊各数句。《奉题徐副相祝园修禊卷三首》《社日登黑窑厂联句》有乾学、元文、朱彝尊、陈廷敬、王士禛各数句。《徐尚书载酒虎坊南园联句》。《曝书亭集》。陈廷敬作《虎坊南别墅健庵招同西溟、竹垞燕集》《同健庵、竹垞登黑窑厂高处燕集》。《午亭文编》。

约本年，乾学三子树敏因事牵连下狱，后赎出。《家谱》：『树敏……己巳、庚午（明年。引注。）间，缘忌者在事，百方罗织，借嘉定文令事牵连逮狱。案成，遵例，授赎。』

康熙二十九年 庚午 1690 徐乾学六十岁 徐秉义五十八岁 徐元文五十七岁

二月 乾学告别康熙帝。康熙帝赐书『光焰万丈』榜额宠其行。出京，经山东禹城、蒙阴等地南返。李光地《榕村语录》第738页：『彼时陈泽州（陈廷敬。引注。）却闭门修书，忧窘异常，上亦知之。故徐健庵方上通州船，而泽州已复职矣。』韩菼《徐乾学行状》：公『故京师邸第，客至恒满不能容，多僦别院以居之，登公之门者甚众……公归，送公者，乃至三馆之吏，皆哭失声，曰：『公去，谁活我？』……春，拜辞内庭，上犹不忍其去，嘉叹久之。公伏地呜咽不能起，在旁者为感动，或泣下也。抵家，具疏，命树穀赍以谢恩。上命尚书桐城张公（张英。引注。）传旨问树穀：『而父在家好？』并传赍奏家人至午门内，问途中起居状，上盖深念不置也。而公自去后……乃僦居洞庭东山，屏迹编摩，焚膏继晷不少辍，欲早竣志书以报命。』

三月 乾学抵苏州，晤钱澄之。钱氏约于去年夏来馆于乾学苏州邸，今年冬归皖。《憺集》二十《田间全集序》：『吾观古今著书其人未有不穷愁者。先生（指钱澄之。引注。）自甲申（明崇祯十七年、清顺治元年。引注。）变后，南都拥立新主……既岭外削平，穷年归隐，乃肆力著书，今且四十年矣……

顷以校书至吴，寓余花溪草堂且一年所。今年余乞归，（钱澄之）迎余于惠山，年七十有九，登山渡涧，上下相羊不异强壮少年……余幸得官侍从、历卿尹，兄弟受国恩至重，顾于清蝇贝锦之诗，恒兢兢焉，忧愁偪侧，不能终日。余特服先生能信心独行，卒自免于小人之机械。（此指钱氏早年虽历明末党祸，入清则自隐著述。引注。）而余不能随时韬晦以终脱于忧患。序其集（指《田间全集》。引注。）有深感焉。』文中所云『寓余花溪草堂且一年所』，与萧穆《敬孚类稿》卷五《记田间先生年谱》所云『己巳（康熙二十八年。引注。）夏，由金陵入吴，庚午（本年。引注。）冬归里』暗合。又，钱泳《履园丛话》第十八页：『徐公（指乾学。引注。）解组后，常寓苏州雅园顾氏。凡人有一面者，终身不忘，无才艺者不入门下。有执贽者先缮秩以进，公十行俱下，顷刻终篇，其有不善处，则折角志之。其人进见，公面命指示，一字不爽。』姑系于此。

遂选太湖东山亭馆数处邀集同人编纂所携诸书。曾假翁天浩家居。《憺集》二九《翁元直暨配席孺人合葬墓志铭》：『具区东，包山东二十馀里有山焉，隔水相望，世称为东山，而因目包山曰西山。东山有数大姓，最著者翁氏。君姓翁，讳天浩，字元直，别号养斋……岁庚午，余请告归里，特恩以书局自随。避城市喧嚣，就君假馆焉。君亦惟恐余之不往也。于是晨夕数见，率其子文模执经问业。』翁天浩明年二月以四十八岁卒于东山。

阎若璩、黄虞稷、姜宸英、黄仪、胡渭、顾祖禹等聚集太湖洞庭东山编辑《一统志》等书。时韩菼假归在苏州，亦参与编务。陈祖武先生撰《清代人物传稿·阎若璩》：康熙二十九年『春，若璩随乾学南归。』裘琏《横山文集》卷七《纂修书局同人题名私记》：乾学『乞假南旋……天子俞其请，一时金匮石室之秘藏，职方图册之汇献，不惮数千里携载以归。陛辞之日……仍力辞帑赀并应领二品奉给，且勿烦所在官司供亿……题请翰林姜、（姜宸英。引注。）黄（黄虞稷。引注。）二君共事书局，复延访四方耆儒名宿，共襄厥成。公曰：「奉一人命，招四方士，订千秋业，非觅闳远邃幽丽靓之乡，弗称也。」乃选五湖之滨，洞庭之山，就园池亭馆之美者而分居之，得十有四人焉。此外供事之员、善书之士，及奔走使令之役，复三四十人……其人：德清胡渭生，无锡顾祖禹、子士行、秦辛，晋江黄虞稷，山左阎若璩，太仓唐孙华、吴暻，常熟黄仪、陶元淳，钱塘沈佳，仁和吕澄，慈溪姜宸英、裘琏。』此所列十四人中有明年始来东山者，如裘琏。《横山文集》卷首裘琏年谱：『康熙三十年辛未春，至洞庭书局。总裁大司寇徐公命辑湘、广《一统志》。』夏定域《德清胡朏明先生年谱》本年：『三月，徐乾学归里，开局洞庭东山，纂辑《一统志》，仍延先生（胡渭。引注。）及阎、（阎若璩。引注。）顾、（顾祖禹。引注。）黄（黄仪。引注。）诸子与姜宸英、查慎行、黄虞稷等分纂……杭《志》：（指杭世骏撰《胡渭墓志》。引注。）「昆山徐大司寇总裁《一统志》，假归，许以书局自随。礼延太原阎若璩、无锡顾祖禹、常熟黄仪洎先生与修。开馆莫釐峰下。」』又，《明清江苏文人年表》本年：『华亭吴骐拒不入徐乾学《一统志》局。（《吴日千里》附录。原注。）长洲韩菼居里，参与《一统志》纂务。（《曝书亭集》七一。原注。）山阳阎若璩、浙江万斯同、胡渭等此际为徐乾学纂《资治通鉴后编》一百八十四卷。』

四月　诏徐元文出任《三朝国史》总裁官。《清史列传·徐元文列传》：『二十九年四月，诏修《三朝国史》，以大学士王熙为监修总裁官，大学士伊桑阿、阿兰泰、梁清标及元文为总裁官。』韩菼

《徐公元文行状》称其任《三朝国史》总裁官在三月。

初夏　乾学曾回昆山。

六月　十四日，两江总督傅拉塔 康熙二十八年六月任。疏劾乾学、元文兄弟子侄结交江南巡抚洪之杰，豪横乡里、收受贿赂等十五款。元文原品休致。《康熙实录》本日：『江南江西总督傅拉塔疏参大学士徐元文、原任刑部尚书徐乾学纵放子侄家人等招摇纳贿、争利害民，所行劣迹共十五款。江苏巡抚洪之杰趋附献媚，甚为溺职。得旨「所参本内各款，从宽免其审明。徐元文著休致回籍。」』《清史列传·徐元文列传》：『五月，两江总督傅拉塔疏劾之曰「巡抚洪之杰、原任刑部尚书徐乾学、大学士徐元文并伊等子侄秽迹，谨胪列陈之：一、康熙二十八年，徐元文升任大学士，洪之杰谄媚，制金字大匾一方、旗杆二根，旗上金镌瑞协金瓯、泰开玉烛八字，委督粮同知姚应凤赍至徐元文门前树立，复送贺仪一万两，徐元文之子举人徐树本亲收。一、康熙二十八年，原任松江府知府赵宁投拜徐元文门下，馈银一千两，徐元文之侄徐树屏、徐树敏亲收。一、康熙二十八年，苏、松、常三府采买青蓝布解部，以少价买多，支销银一万四千馀两，洪之杰、赵宁、徐树本等分肥。一、徐元文之子徐树声，自京到巡抚衙门，称有要紧密信。因开门稍迟，喝打门吏。洪之杰听闻，忙即大开中门，鸣锣击鼓作乐迎进，衙役路人皆为耻笑。一、洪之杰于康熙二十八年因重犯减等案内，部议革职，蒙皇上宽宥，降级留任。而元文、乾学冒恩以为己力，洪之杰将银二万两，令原任松江府知府赵宁送徐树本收。一、康熙二十八年，阊门外居民钦涞、钦鼎丞彼此争讼，徐树敏见钦鼎丞家裕，嘱托巡抚令钦涞、钦宸枢控告，诈钦鼎丞银一千两，交与伊家人徐孔昭、李孔章兑收。一、徐树声兄弟前往苏州府承天寺内瞰琅山房，恶僧等富厚，诈银一千两，嘱巡抚止留瞰琅山房之僧，馀房僧尽皆驱逐……一、徐树本唆王缉植之母告同县监生李端匏久不葬亲，诈得李端匏银四百两。一、康熙二十九年，葑门外果子行陆云椿、韩云若二人为争行业买卖，徐树本诡令伊亲汤机先、汤在治生理，勒得陆云椿银二百四十两。一、徐树屏庇护光棍徐长民，将徐长民仇家生员黄中坚声言必受其害，吓诈黄中坚银四千两，田抵六百两。又将黄中坚交与光棍徐长民被殴折指。一、徐树声、徐树本等将伊银米自六月放出于民，十月交收，起息银每两五六钱、米每石五六斗，重利刻剥……一、徐乾学、徐元文将伊子侄田地均填入别人名下，每年拖欠钱粮……终不完纳。所以昆山县知县总为钱粮革职降级，不得升任者多。一、徐乾学于本年三月内回籍，即于四月内欲沽名誉，嘱托苏州府贡监胡三锡、周邻诗等违例建造长生祠堂于虎丘山上，赴巡抚衙门具控，抚中军游击杨铉收送巡抚洪之杰。一、徐树本、树声、树屏、树敏家人徐孔昭、高彬甫、吴汉周、曹尔玉、苏云生、金正昌等往来苏城，轮番更替，马吊演剧，无虚昼夜。勒索昆山知县，船夫承揽大小衙门事件。苏州府城东有毛上列，西城有黄圣微，阊门外有顾思诚，处处差遣打听有业之人控告信息，苏州民人称为拉纤摆渡船……」疏入，得旨「所参各款从宽免其审明，徐元文著休致回籍。」』李光地《榕村语录》第 737 页：『北门（明珠。引注。）专力攻立斋，（徐元文。引注。）山东巡抚一佛伦，江南总督一傅拉塔，专为郭琇、徐氏兄弟也。傅拉塔先一疏参胡简敬，次一疏便徐氏。立斋便劾北门害他，而其故皆为渠为总宪时，姚启圣日辇金银于明珠家，明珠止臣，臣不听，故衔恨切骨。上发与九卿议，立斋革职回。王俨斋（王鸿绪。引注。）又为郑端所参。王俨斋进密折，言徐氏害他。上又发与九卿看，曰：「我看江南乱闹，不过徐、王两家。不如两家都教他住关东地方去，庶几清白。」吉水（李振裕，字经饶，号醒斋。江西吉水人。乾学同年进士。康熙二十八年由内阁学士迁吏部右侍郎，二十九年改吏部左侍郎，三十年迁工部尚书。引注。）奏曰：「罪状自有有司审理，至其私家仇怨，亦不足仰烦圣心。圣恩置之不理，渠等亦自消歇矣。」上默然。郑与立斋己亥（顺治十六年。引注。）同年，立斋泣诉俨斋于郑，郑誓为効死，以力锄俨斋自任。后徐负王胜，郑亦气愤而死。』又，韩菼《徐公元文行状》：『会两江总督傅拉塔有疏劾公，公具疏辨，且求罢。上置督臣疏不问，而允公以原官致仕。公辞朝谢恩，轻舟首途，过临清，榷关者诃止之，谓「相君归装，必有赢馀，可构以罪」。登舟大索，至酱瓿之属无不发视，而公舟中衣服什器外，惟图书数千卷，及光禄馔金三百而已，皆嘍啨叹好官不置。公在途，感所遇山川人物，咏怀风烈，撰《述归赋》以自广。』元文归途又有《被论罢官南归》三首收入《含经堂集》。又，傅拉塔，满族伊尔根觉罗氏，生年不详，康熙三十三年闰五月卒于两江总督任。徐乾学政敌。《清代人物传稿》上编第八卷有刘凤云撰《傅拉塔》，记述其生平稍详。《清诗纪事初编》称傅拉塔为明珠外甥，而汪景祺《西征随笔》（一名《读书堂西征随笔》）云，其时有两满人名傅拉塔：『陆御史祖修字孝武，松江人。东海（徐乾学。引注。）尚书门下士也。东海方与北门（明珠。引注。）构衅，有傅腊塔者，北门之甥，为旗员武职，颇贪怙。陆思借之以倾北门，愬纠吏部侍郎之傅腊塔，在铨曹有狼籍名，遂去官。而武职之傅腊塔固无恙也。傅恨甚，遂皈依北门。北门怜之，而知其切齿于东海，遂奏复其官。旋擢两江总督，丛刃于东海，致东海发愤死。傅谓所属曰：「东海已处之，颇畅矣。我有怨家，尚思所以处之也。」属吏解其意，遣人至松江，侦陆所为。陆窘甚，挈家避南海去。吴谕德廷桢自苏州来，下榻余家，偶言及陆御史避仇南海，吴曰：「所谓君处东海，寡人处南海也。」词林诸公分曹轰饮，先公与大宗伯韩慕庐先生居西曹，觞政大胜。宗伯曰：「东曹虽屡败，岂无有志之士欲雪三北之耻者乎？吾辈宜预饮数百爵以待之！」因朗吟曰：「江东子弟多豪俊，卷土重来未可知！」先公笑曰：「十四万人齐解甲，更无一个是男儿。」一时哄堂。』此段『词林诸公』以下，似有借燕饮暗喻党争之意，『三北之耻』似与明珠（北门）有关。唯傅拉塔死于康熙三十三年闰五月，先乾学而物故，『傅谓所属曰东海已处之』云云，与史实不符，则汪氏所记述颇可疑。又，汪宗衍《读清史稿札记》（中华书局 1977 年版）第 239 页专有《傅拉塔·傅腊塔·傅喇塔》一文，辨同时两名傅拉塔者，可参。

七月

乾学兄弟捐俸重建甬上黄宗羲父黄忠端公祠。黄忠端名黄尊素。祠本年毁于大水。黄宗羲本年有《迁祠记》记之。

下旬，乾学尝支使家仆亲信等向张恂如索要受贿证据，并偿还部分贿金。张恂如控告乾学索贿事参见本谱康熙十四、十五年及明年。《清代档案史料丛编》第五辑《张恂如呈控徐乾学炙诈婪赃逼死父命状》所载本年事：恂如『于庚午年七月二十二日勒禀具情，乞怜于健庵之门，遭虎仆任政百般辱詈，如同乞丐，情实不堪。故冒死抄白健庵亲笔拾札，具情叩问前项银两果于何处支销……蒙徐果亭先生遗纪纲发名柬致慰。有太仓州学生员盛志贞即徐志贞字子文者，昆山原任广西道御史盛讳符升号珍示先生通谱之侄也，语恂云「此事内必须扯及珍示家伯，健庵亲笔十札必须刊刻。」故恂一一遵其所言。适珍示发亲笔手札致恂，并发名柬托子文请钱登九亲家到昆。子文传珍示之语，送还健庵亲笔十札，付出所刊札板，又于袖中出徐府构定三札稿，勒恂照式书写，一致健庵，一致盛珍示，一勒钱登九照式书写致盛珍示。子文口称一一如议，然后给还昔日原数银两……故亲笔十札，听子文检点持去。袖中三稿，依子文如式书写，岂手札等项，子文一一诓入其手，即为献媚之计，取利之阶，顿背前议，仅付八色九折银叁百贰拾两。」

八月 乾学次子徐炯出任福建乡试副主考官。《家谱》：「炯……庚午，副福建乡试主考官，号称得士。」《明清江苏文人年表》本年：「昆山徐炯典闽试，聘嘉定赵俞往为捉刀。（据《霞外捃屑》卷一。原注。）」

秋 乾学曾往杭州与高士奇修好，并为作《赐金园记》，《憺集》二五。金园为高士奇杭州别业。文中有「予有花溪草堂，荒芜久矣。为澹人作记，何能不悲……予年逮六十，而衰颓如八九十人，忧谗畏讥，旦暮煎迫，未知何日得偃息于花溪之上。」高拒之。《清代人物传稿·高士奇》：「二十九年秋，乾学被明珠亲信报复后，特地到杭州，希与高士奇重修旧好。高托病不见，并赋诗讥之。（《归田集》卷五第三页。原注。）」

九月 元文归里。韩菼《徐公元文行状》：「九月归里，阖门约饬惟谨。」又，李光地《榕村语录》第681页：「元文归去甚贫，虽日用，都仰给健庵。」

本年 乾学诗有《赠钱饮光》钱饮光即钱澄之。《请告得旨留别诸公》《将出都作》《双燕十六韵寄太宰泽州先生》等。《憺集》九。泽州即陈廷敬。文有《舅母朱太孺人寿序》见本谱崇祯十三年、顺治二年。《田间全集序》《田间全集》即钱澄之诗文集。《王农山先生寿序》王农山即王广心，王鸿绪父。查《重修华亭县志》，王广心父名王典，子三：

王鸿绪、王顼龄（字颛士，号瑁湖）、王九龄（字子武，号濒闻）。王典弟王廓（即王鸿绪叔祖）无子，王典仅有独子王广心，广心遂以长子王鸿绪嗣之王廓，则王鸿绪升一辈，名王度心。王鸿绪为后改名。《王农山先生寿序》载《憺集》二四，略云：『予……去冬再疏得请，今年初夏始抵里门，而亲串皆以公（指王广心。引注。）八十初度告……予今年六十矣，行将随公杖履于九峰三泖之间……宜公之所乐许也。』《朱去非先生八十寿序》朱去非即昆山朱暠，字去非。朱显宗从子。《昆新合志》卷二十三第十五页朱显宗传附有朱暠传。《序》载《憺集》二四，略云：『去非朱先生，生同里，幼同学，志行述业无弗同者……予亦逾耆矣，蒙恩放还归里，可以抱琴行吟，弋钓草野，如禽鹿脱栏而入林薮。庶几遂其初志，俟编纂告竣，上之册府，当以小友追随杖履。先生有安乐之窝，而予亦浇花种竹，窃拟独乐之园，某丘某水，一觞一咏，彼此过从以娱化日，释其所忧而寻其所乐，先生其能许之同志否也？先生之门人擢科第者甚众，予子树穀、炯少时亦并受业焉。时届悬弧之辰，其门人谓予不可无言，遂书此于屏障，以为介寿之辞焉。』《赠太仆寺卿黄忠端公祠堂记》等。《憺集》二十五。

本年，元文诗有《送伯兄予假还里》。作于二月。陈廷敬作《送徐健庵尚书归吴门》。《午亭文编》。作于二月。吴绮作《徐健庵先生六袠序》。《林蕙堂全集》。韩菼约于本年作《上健庵师八章以既明且哲以保其身为韵》《题立斋师钓鱼图二首》。《有怀堂诗稿》。

本年，徐树敏、钱岳辑《众香词》六卷刊行。据《贩书偶记》卷二十：『《众香词》六卷，玉峰徐树敏、金阊钱岳同选，康熙庚午宝翰楼刊，锦树堂藏板。又名《国朝名媛词选》。』

约本年，乾学三子徐绵娶慕氏，本年十六岁。原籍陕西三原县慕国璇女。《家谱》：『绵……配长洲慕氏，陕西三原县籍。康熙乙卯（康熙十四年。引注。）举人、中书科中书舍人在玉公讳国璇女。康熙乙卯四月十一日生，康熙乙未（康熙五十四年。引注。）卒，存年四十有一。』

约本年前后，苏州发现《三吴公讨徐氏檄》并小说《东海传奇》，系傅拉塔党羽所为。如下为邓之诚《骨董索记》卷八抄录《三吴公讨徐氏檄》：『徐乾学、徐秉义、徐元文三气者，乃故棍盗徐子念之子也。子念名开法，乌龙会首，白妖党头，几经按院访拿，司理刑讯。（子念受倪理刑伯屏责二十四板，又经秦按院访拿。原注。）孽孙徐树榖、徐炯、徐树敏、徐树屏、徐树声、徐树本……族党则有徐日岩、徐丹绿、徐孚若、徐星成等，为之心膂。姻党则有王次刘、诸霞举、朱云翳、盛珍示、顾汝嘉、顾成白、叶敷文、金宾王等……沙客则有……恶奴则有……以上几等人者……夤缘举人进士，实是食民狼虎。郡邑所见，如借名救荒，仓同「世德」，挨户派来，每岁夏放秋收，五分起息，毒逾青苗。伪称济贫，会名「同善」，沿家索钱，每月印放印收，计日盘算，法严白折。徐树屏夤缘发觉，奇谋脱祸，甘受死乌龟之号。孙伯侯诬盗致辟，献女求生，反速无头鬼之哭。阛阓生男勿喜，俊宠儿每逼为弄童。乡城生女多愁，娇媚娘强占为婢妾。（徐升初、陈鼎三之妹、孙伯侯之女等是。原注。）致和塘载在邑乘，填没以壮墙垣。黄昌泾素通尚贾，筑堤以固疆圉。知止房设醮祀天，敢觖望以排上。（徐府聚众百人，演习邪术于此。原注。）堂冠山唱戏迎神，起邪说以诬民。（汤抚院疏禁淫祠，独徐府藏匿檀香北方贤圣妖像。原注。）铜雀迷于北山，白骨成邱。（徐府造北园，强占百馀年之普同塔，掘弃骨殖千万。原注。）郿坞营诸洞庭，冤声振地。（徐乾学于洞庭修志，聚无赖千人。原注。）昆仑奴（指少数民族或外籍人。引注。）钱胖子，投服夏逢龙矣，贼败而潜归，故主之纳叛何心。（徐府家人钱九黄，往湖广投叛夏逢龙，及败逃归，反得邀功授职。原注）坦腹婿张介眉，屏弃汉阳县矣，失妻而得职，泰山之挽回有力。（夏逢龙之叛，张介眉弃城而走，大小姐中途失散，走至息县陆舒城署，送归。原注）金瓯玉烛，门旗字样堪疑。建节持枪，侍卫戎装可骇。尤可异者，树毂回籍，夹带私盐，挜卖私钱……《东海传奇》五十回，今只传回目，情节与《公檄》相似，或出一人手笔。见《藕香簃别抄》。』如下为《骨董索记全编》抄录四柳轩主人编《东海传奇》存目，虽失雅驯，或有可佐史料者：『第一回：乌龙会乳猪创业，白妖党开法成家。第二回：倪理刑密拿廷杖，秦按院访察收监。第三回：太母义方训子，封翁恶病亡身。第四回：钱神灵兄弟连登金榜，夤缘窍父子尽掇巍科。第五回：狗党趋炎归东海，狐朋恃势虐良民。第六回：放烟火元宵行乐，醉花灯家宴为欢。第七回：造园林发掘骨殖，开典馆盗换金珠。第八回：有风力攀亲抚院，见手段鼻纤道台。第九回：树桃李门生满天下，纵鹰犬奴仆遍江南。第十回：景管家捐金装佛像，老夫人发米供淫僧。第十一回：王次回后庭迷察院，陆汉标前路觅行人。第十二回：胖阇黎中和固宠眷，大卵脬吴酉割恩情。第十三回：船中鏖战舟人赏均分，帘下调情皮匠谋独占。第十四回，互争风姚文殒命，局斗牌陈亮破家。第十五回：逐娘家朱二姐空恩爱，衔妹臂张三友没奈何。第十六回：冒原主老沈塞粪，认亲家小宋尝尿。第十七回：死真婿佩音补缺，生假子树敏归宗。第十八回，颁谕祭朦胧邀圣眷，冒封诰徼幸受皇恩。第十九回：酱园硬分钦氏产，盐场吓诈席商银。第二十回：利腴田李孝子一门三产，讲年谊洪抚院百顺千依。第二十一回：唐武举折屋拖牢洞，孙司马献女斩桥心。第二十二回：杭县令铁面检尸，陈府尊热心吊卷。第二十三回：陷红裙假山拷打，窝大盗黄渡分赃。第二十四回：逞豪华金□

（原空。疑为阊。引注。）祝寿，斗富贵八座迎亲。第二十五回：正家法顾元成代杖，许行取童式度巡更。第二十六回：章仲钦差兑云铸，艺初回籍贩私盐。第二十七回：树屏买举人累实君死鳖，金皋得书榜成景祖封君。第二十八回：减浮粮禁司农出疏，广赚钱污宰相清名。第二十九回：坦腹婿夫妻得职，昆仑奴投贼邀功。第三十回：建杂宅势吞坟产，媚金府威逼顾姬。第三十一回：沈喽罗感恩上遗表，造生祠府学具公呈。第三十二回：矫圣旨洞庭开史局，诈门生传是撞金钟。第三十三回：许疏锄奸特击司寇，傅参列款波及中堂。第三十四回：曲案闻招齐发觉，妯娌兄弟大分离。第三十五回：献假女张龙池有力无用，拜乾爷明相国重义轻财。第三十六回：快私忿殃及花子，新势败连累王胡。第三十七回：斗公堂伯初仗剑，闯后宅仲质投缳。第三十八回：陈巡捕三拿家属，卢太守两骂奴才。第三十九回：央说合药杀周二，逼谢仪急坏诸三。第四十回：赎揭板夜走曹枚颖，传消息日奔何履公。第四十一回：五大头调停受清气，七赤鼻摇撼落多金。第四十二回：击登闻齐大圣赴汤蹈火，放焰口周贡九出幽入冥。第四十三回：羊角灯生心索仆，狗肚子倚势翻田。第四十四回：后堂熔银器，娄水当金船。第四十五回：众豪奴叩头跪私第，三公子赤脚出公堂。第四十六回：丹绿贪财拚命，树敏有罪入牢。第四十七回：敬思子病跎设醮，师鲁妻断发探囚。第四八回：贴价盈门乾学唯搓手，倒脏满座树毂但捶胸。第四十九回：神僧当面指示，冤魂灯下现形。第五十回：躲申衙三疟难愈，害中堂一命归阴。」又，《明清江苏文人年表》本年：『苏州此际发现《三吴公讨徐氏檄》，列举多款，诋斥徐乾学……等居乡豪横事。四柳轩主人此际编《东海传奇》五十回，影诋徐乾学。』

自本年起，至康熙三十一年，苏州、昆山一带控告徐乾学一门不法事之诉状层出不穷，并传入宫廷，或与明珠、傅拉塔图谋报复，欲置之死地有关。《清代档案史料丛编》第五辑（简称《史料丛编》）以《徐乾学等被控鱼肉乡里荼毒人民状》为题，收录故宫藏档案杂件三十四件。1930年代故宫博物院文献馆编《文献丛编》第四辑（简称《文献丛编》）曾以《徐乾学等被控状》为题收录档案杂件十三件。经核，《史料丛编》所收包括《文献丛编》所收全部十三件控状，且予标点。而《史料丛编》所收记述案情较详、牵扯徐府家人较多之两件控状，即《邵德呈控徐乾学子侄姻亲勾结官宦屠民诈财状》和《张恂如呈控徐乾学炙诈婪赃逼死父命状》，《文献丛编》未收。故本谱不再引用《文献丛编》。王家俭《昆山三徐与清初政治》一文（载台北中研院近代史研究所1992年版《近世家族与政治比较历史论文集》下册）相关材料系据《文献丛编》录出，读者均可于《史料丛编》中复检。《史料丛编》所收有关档案杂件三十四件中，与徐乾学一门关系较大的诉状如下：一、（此为《史料丛编》所收诸状序号）康熙二十九年九月三日《邵德呈控徐乾学子侄姻亲勾结官宦屠民诈财状》。四、康熙二十九年九月七日《沈悫再控徐秉义等谋占田房逼死人命案》。十六、康熙二十九年十月四日《万民禀控知县王维翰结纳徐乾学之子占财害命状》。二十一、康熙三十年八月三日《华原淳告徐乾学诈银逼命状》。二十二、康熙三十年八月三日《秦旋呈控徐乾学主使豪奴霸产掘坟状》。二十三、康熙三十年八月三日《沈悫呈控徐乾学一门贪残昆邑状》。二十四、康熙三十年九月二日《秦旋告徐乾学子侄谋占田房状》。二十五、康熙三十年十月十六日《张恂如呈控徐乾学炙诈婪赃逼死父命状》。二十六、康熙三十年十月十八日《吴淇禀控徐乾学冒旨诈骗银两财物状》。三十、康熙三十一年正月二十八日《范卿呈控徐元文家奴顾君甫倚势强占民房状》。三十四、康熙三十一年十一月三日《秦玉朋告徐乾学恶仆司元等毙命霸田状》。

其中确实涉及徐乾学本人的诉状只康熙三十年十月十六日《张恂如呈控徐乾学炙诈婪赃逼死父命状》一件。又，谢国桢《明清之际党社运动考》：『告发乾学劣状的奏疏，不下数十百件，现在故宫博物院已把这项奏疏渐次发表在《文献旬刊》上。』《文献旬刊》一名《故宫文献旬刊》，未检。

康熙三十年　辛未　1691　徐乾学六十一岁　徐秉义五十九岁　徐元文五十八岁

乾学带职居苏州。

四月　三日，乾学前请山东巡抚钱珏为朱敦厚缓颊事被揭，革职。《康熙实录》本日：『先是，革职县丞谭明命叩阍，控吏部主事朱敦厚前任潍县知县时婪赃四万馀两。下山东巡抚佛伦鞫勘。佛伦疏言：「朱敦厚加派婪赃，经前任巡抚钱珏鞫审已得实据。因朱敦厚浼求，原任刑部尚书徐乾学贻书钱珏，钱珏徇情，檄行布政使卫既齐销案。除朱敦厚依律拟罪外，徐乾学等并请敕部议处。」事下吏部及三法司议。至是，吏部会同三法司复奏：「朱敦厚应绞。原任山东布政使今升顺天府府尹卫既齐，照徇庇例降三级调用。原任刑部尚书徐乾学、原任山东巡抚钱珏，并应革职。谭明命系大计被参贪官，仍不叙用。」得旨：「卫既齐著照现任降三级，免其调用。徐乾学、钱珏俱革职。馀如议。」』《清史列传·徐乾学列传》：『三十年，山东巡抚佛伦鞫潍县知县朱敦厚加收火耗事，劾乾学曾致书前任巡抚钱珏徇庇敦厚，部议乾学与珏均革职。先是，乾学未罢归时，嘉定知县闻在上为县民告发私派事，革任究拟，阅二年不结。至是，按察使高承爵穷诘，闻在上追忆未告发时，因徐树敏声言私派有干功令，曾以赃银二千两馈之，至告发追还。论树敏吓诈取财，应绞。江宁巡抚郑端因疏劾休致。左都御使王鸿绪曾受闻在上馈银五百两……应与不约束子弟之徐乾学并敕部严议。部议乾学已革职，免议……寻奉诏：「严戒内外各官私怨交寻，牵连报复。」于是释鸿绪弗问，乾学子树敏赎罪。』

旋撤书局，仍命乾学将所纂书进呈。乾学避居嘉善，又僦居苏州西华山之凤村。韩菼《徐乾学行状》：『潍令朱敦厚者，故明死事巡抚之冯子也。敦厚已主事吏部，为其县丞讦告当死。公言于朝曰：「其事吾不知，然故忠臣子也。」狱成，以公语为左右之，榜掠敦厚以行贿状，不服乃已。然公竟坐是落职。自是而媒孽公者不已……会上诏论天下：「以内外各官彼此倾轧，私怨交寻，牵连报复，逮于子弟。殊非朝廷体恤臣工、保全爱恤之意。」诸欲中公者，乃稍稍解。公北面叩首涕泣曰：「上恩如此，中外普被蒙，而老臣尤幸甚，从此可匄馀生也。」……时书局既撤，复奉旨续进所定草。公益自强，日讨论润色，将为完书。洞庭山中颇嚣杂，乃避居嘉善。已，又栖息郡（苏州。引注。）西华山之凤村，而病作……公尝曰：「宁人负我，无我负人。」又言：「做官时少，做人时多。做人时少，做鬼时多。」』邵长衡《青门賸稿·憺园文集序》：『公……既归，而忌者犹未已。吏议夺其官，又摭它事，文致其子姓。公怦怦不自安，乃避而之林屋、之长水，又避而之凤山邨舍。踧踖房皇，几于投足无地。』陈祖武先生《清代人物传稿·阎若璩》：『乾学……再被弹劾夺职。书局裁撤，同人四散。作为徐氏的主要幕宾，若璩曾相随避居浙江嘉善及江苏苏州。』

七月二十七日，乾学孙徐树敏五子。**徐德泰生。**据《家谱》。德泰字大来，号拙存。

闰七月二十七日，西历八月二十日。**元文逝于昆山。**韩菼《徐元文行状》：元文『疾益甚，辛未秋七月二十七日，竟不起……时几无以敛云……是年冬，上诏谕天下，有曰：「内外各官，彼此倾轧，伐异党同，私怨交寻，牵连报复。或意所衔恨，而反嘱人代纠，阴为主使。或意所欲言，而不明指其事，巧陷术中。」……公无他嗜好，独喜购书，皆自整比。精好书法，瘦硬入神，见者藏弆……公娶于汤，诸生传楹女，封夫人。子二：长即树声。次树本，丁卯科举人。孙一，德符，树本出，尚幼。』邓之诚《清诗纪事初编·徐元文》：『元文撰《含经堂集》三十卷……与乾学《憺园集》俱无人为之作序，盖忧危中，虑为人执持，刻成不敢公然行世……（元文）诗文不如两兄博赡。诗十五卷，起登第，迄罢官。奏议六卷……馀文以《李映碧先生墓志铭》为有关系。』

十月　十六日，太仓张恂如上书傅拉塔，告乾学从康熙十四年起勒索其父张希哲，附具乾学及其亲信家仆等索贿手札为凭。徐艺圃先生等编选《清代档案史料丛编》第五辑《张恂如呈控徐乾学炙诈婪赃逼死父命状》：『康熙三十年十月十六日。原籍江南广德州附居苏州府太仓州儒学生员张恂如具呈……今年五月间，恂欲且控鸣冤，孽宦挽腹党徐志贞、（即盛志贞。原注。盛符升侄。引注。）陈实颖圈留，不容控宪。于闰七月十七日，局（张恂如）至伊亲陆汉标家，托称捡还原札，给还原数。讵诓札入手，二次止掗八色九折银五百贰拾两，又为花分……馀赃贰千陆百余两，乾学仍掯不吐……今九月二十二日，（张恂如）衔冤哭控苏州府卢，蒙面谕恂如：「乾学虽经革职，然尚以大臣自居，止府词未能提审。」等语……泣血上呈总督江南、江西等处地方军务兼理粮饷操江兵部右侍郎兼都察院右副都御史傅大老爷（指傅拉塔。引注。）案下施行。』有关乾学向张恂如父张希哲索贿事已依次录入本谱康熙十四、十五年及去年。又，邓之诚《清诗纪事初编·徐乾学》：康熙帝『恶乾学反覆，必欲痛抑之，先已令傅拉塔总督两江，为督过地，傅拉塔遂劾乾学及其弟诸不法事。元文解任，乾学夺职。自后数年间，日有告讦徐氏者。明珠则已复职矣。』康熙三十三年闰五月傅拉塔卒于任，七月追拜高衔，谥清端。后康熙南巡，更亲往南京傅祠凭吊，而乾学则身后冷清。可知康熙帝用人虽恩威并举，而轻重远近向自有彝。

本年

乾学为纳兰性德刻《通志堂集》。《通志堂集》前附徐乾学《通志堂集序》：『余里居杜门，检其诗词、古文遗稿，太傅公（明珠。引注。）所手授者，为《通志堂集》……为和泪而序之。重光协洽之岁，昆山友人健庵徐乾学书。』邓之诚《清诗纪事初编·纳兰成德》：『乾学之刻此集或意在（与明珠）释嫌修好欤。』

乾学文有《太常寺少卿高君神道碑》作于本年四月。载《憺集》三十。高君即华亭高层云，去年四月逝。《舅母朱太孺人寿序》参见本谱崇祯十三年、顺治二年。

黄虞稷卒于包山书局，陆元辅卒于嘉定，乾学为理丧费。《通志堂集序》。《徐乾学行状》：『他朝士故友之丧，如……黄征君虞稷……皆公一人为之经纪，不以告人。』张云章《陆元辅墓志铭》：『时云章亦馆于徐公家，先生病亟，时相国（元文。引注。）之丧，不克还视先生，比至，而先生易箦。实康熙三十年九月十四日也……云章经纪其丧，发书报徐公，（乾学。引注。）赖其赙以殡。』

刘献廷之昆山，为徐元文诊病。《明清江苏文人年表》第883页，据《广阳杂记》卷四。

钮琇本年撰《祭昆山相国徐立斋夫子文》。《临野堂集》卷七。

康熙三十一年　壬申　1692　徐乾学六十二岁　徐秉义六十岁

乾学仍居苏州西。

四月　八日，乾学侧室张氏卒。时三十九岁。据《家谱》。

六月　十四日，乾学重孙徐传祜生。据《家谱》，徐传祜徐绵长子：『传祜字子慎。庠生。康熙壬申六月十四日生。康熙癸巳（康熙五十二年。引注。）七月初六日卒。存年二十有二。』

本年　乾学作《翁铁庵寿序》，《憺集》二四。翁叔元为营迁先人墓假归，时在常熟故里。据《清代职官年表》，本年八月翁氏以原任授刑部尚书。又为盛符升诗集作序。《憺集》二十《南芝堂诗集序》：『余年友盛君珍示 …… 三十年来多更事故，驰驱南北 …… 今珍示行赴京师，将以其所蕴蓄者施诸邦家，见诸事业。』盛符升与乾学同于顺治十七年中举，故称年友。邓之诚《清诗纪事初编·盛符升》：『盛符升 …… 三徐往来踪迹素密。乾学、元文兄弟与明珠、余国柱角党相争，接踵引退，符升或受其牵连，未可知也 …… 撰《诚斋诗集》八卷 …… 文为《仅存集》一卷。诗止于康熙三十一年壬申，或即刻于此时 …… 世多不识符升本末，盖由未睹其集耳。』

康熙三十二年　癸酉　1693　徐乾学六十三岁　徐秉义六十一岁

年初　乾学在苏州，为去年十二月去世之陆陇其经营丧葬事，曾致书李光地。韩菼《徐乾学行状》：『陆御史陇其有直声，殁而公哭之哀，将为之营葬，且志其墓。会公亡，御史至今（指康熙三十四年时。引注。）葬无时也。』李光地《榕村语录》第745页：『健庵既归，几年不通往来，忽有书至，说陆稼书死，墓志孝感（熊赐履。引注。）为之，墓表非某（李光地自称。引注。）不可。稼书行事，许多关系，健庵欲借此兴文字之狱。又特遣王原令诒亲来，求拜门生。予复书辞之。王亦坚请之。予到底回健庵书，言：「此文非老年兄不可。」』《憺集》未收入陆氏墓表。《碑传集》所收陆氏墓志为陈廷敬撰。

三月　王喆生请乾学主持募修昆山县学事，乾学未允。喆生因王缉植事乞养归后，终老故里。修学宫事见《昆新续志》卷四第十二页王喆生《重修学宫记》。

四月　二十六日，乾学重孙德俶长子。徐传轸生。据《家谱》，传轸字子辕，号后村。

八月　乾学赴华亭耆年会，与王日藻、王鸿绪等燕饮甚欢。

约于聚会时，钮琇代乾学作《为徐司寇与王司农求婚启》。《临野堂文集》卷二第五页。『王司农』当指王日藻（康熙二十六至二十七年任户部尚书）而非王鸿绪。（王鸿绪任户部尚书已至康熙四十七年，故乾学生前不得称其司农。）此《婚启》所议当为去年出生之乾学重孙徐传祜聘王日藻重孙女事。《家谱》：『传祜……配松江王氏，康熙癸巳（康熙五十二年。引注。）举人、翰林院侍诏用舟公讳时济女，康熙辛未（康熙三十年。即前年。引注。）五月二十七日生，雍正乙卯（雍正十三年。引注。）正月十一日卒，存年四十有五。』王时济曾参与纂修《孔宅志》，当为日藻孙辈。

十日，乾学重孙徐绵次子。徐亭生。据《家谱》，亭字子大。乾隆二十八年卒。配崇明黄氏，候补教谕掌纶公女。康熙三十四年生，乾隆元年卒。黄掌纶为当时苏北地区围棋高手，名列《国朝弈家姓名录》。

十二月 徐树声等葬元文。乾学驰书张玉书，邀为撰墓道碑文。张玉书《徐公（元文）神道碑》：『癸酉十二月某日，卜葬公于某原……公伯兄司寇公以书来属余，谓余实与公游最习，不可以无辞。』

年底 乾学回昆山营建遂园。明年建成。

本年 乾学诗有《癸酉八月许鹤沙、王却非招往秦望山庄为耆年会赋谢》许鹤沙即许缵曾，王却非即王日藻。《十二日抵云间盛诚斋先生至共饮鹤沙宅》盛诚斋即盛符升。《俨斋招饮贤兄瑁湖宜园时瑁湖在江上》俨斋即王鸿绪。瑁湖即鸿绪胞兄王顼龄。《十三日鹤沙招饮园中》《十四日秦望山庄为耆年之会各赋七言六韵》《十六日却非送至郡城同饮鹤沙宅》等。《憺集》九。文有《杨雪臣七十寿序》。杨雪臣即杨瑀。《憺集》二四《杨雪臣七十寿序》：『毗陵杨雪臣先生，大中丞之子，大司徒钱公（约指明末南京户部尚书钱春。引注。）之婿……出则与郓逊庵（恽日初，名画家恽格父。恽格即恽寿平，号南田。引注。）讲学南田及东林书院，如是者馀三十年……今年七十，灯下尤能作小楷数十百字，日著书于中丞公之西楼，颜曰迎旭。诸子裒为《飞楼集》百二十卷藏之……其子道升与予交，予因介寿之觞，序以问之，先生为何如也？』雪臣，即杨瑀字。其七十寿日或在明年初。顾炎武《亭林诗集》卷四有《寄杨高士瑀》，作于康熙十一年。张穆、钱邦彦注《顾谱》均采乾学此文。王冀民《顾亭林诗笺释》第794页据董潮撰杨瑀传（未见）称杨以七十七岁卒于康熙四十四年，疑为康熙四十年之误。杨瑀四子，昌言、文言、匡言、宪言。乾学所谓『其子道升与予交』之道升，即杨瑀次子杨文言。乾学逝后，约康熙四十年，陈梦雷荐杨文言入诚亲王胤祉邸，纂修《律吕渊源》。谢国桢《明清之际党社运动考》第93页引《大亭山馆丛书·南兰纪事诗小传》：『扬道声名文言，武进人……晚依徐尚书乾学最久，终隐于家。』邓之诚《清诗纪事初编·杨昌言》：『昌言字大声……康熙四十三年，年六十，始订其诗为《梧冈集》十二卷。』则可推知杨昌言生于顺治二年。平步青《霞外攟屑》卷一《书象本要乃杨文言作非榕邨》据《毗陵大街杨氏族谱·世系》云：『文言字道声，号南楼，著有《图卦阐义》《易俟》《书象图说》《书象本要》《握机发微》《南兰纪事诗》。兄昌言，字大声，号梧冈，著有《梧冈诗文集》。弟匡言，字正声，号西邨；宪言，字芳声……』

本年，徐树縠以受赃议绞，康熙帝缓之。《明清江苏文人年表》第893页：『昆山徐树縠以乡官在里受赃，议绞，因玄烨不乐穷治，该处赎罪。』《明清江苏文人年表》此条原注据《清史稿》二七七。核之，未见。

黄宗羲借传是楼藏明人文集，归编《明文海》。据《黄梨洲年谱》本年。

阎若璩与乾学分手。陈祖武先生《清代人物传稿·阎若璩》：康熙『三十二年，他见颓局已成，难以撑持，毅然与徐氏分手。』

康熙三十三年 甲戌 1694 徐乾学六十四岁 徐秉义六十二岁

年初　约年初，乾学次子徐炯晋刑部福建司主事。《家谱》：「炯……甲戌，晋刑部福建司主事。寻迁贵州司员外郎。旋丁外艰。」

三月　三日，乾学所建遂园竣工。同日，乾学举耆年会，钱陆灿、尤侗、盛符升、王日藻、秦松龄、黄与坚、许缵曾等来集。乾学有诗《甲戌三月三日招同钱湘灵、盛诚斋、尤悔庵、黄忍庵、王却非、何涵斋、孙赤崖、许鹤沙、周砺岩、秦对岩诸公、舍弟果亭禊饮遂园用兰亭二字为韵》《赠禹鸿胪乞画遂园修禊图卷》。《憺集》九。禹鸿胪即禹之鼎。《昆新续志》卷十三第二十一页全文收录钱陆灿《遂园禊饮图题记》，记载来集诸人年齿相貌神态颇详。韩菼作《三月三日玉峰北园宴集诗》，载《有怀堂诗稿》卷三。其序云：「祓禊良辰，耆年高会，吾健庵师之主是举也。菼齿未及，而辱招之，比剧目疾，不得奉侍……」徐秉义、钱陆灿、王日澡等作同题《遂园禊饮用兰亭字为韵》，《昆新合志》卷十二抄录。

同日，邵长衡应邀撰《传是楼记》。见本谱康熙十六年。尤侗《悔庵年谱》：「三月上巳，主玉峰，盛珍示、徐健庵、果亭续举耆年会于遂园，同会为云间王却非、许鹤沙、锡山秦留仙、娄东黄庭表与坚、虞山钱湘灵灿、孙赤崖、郡中则何与偕栋、僧筠士与焉。饮三日，赋诗，鸿胪禹君为图。」去年中秋王日藻、许缵曾举耆年会，曾招尤侗，以病未赴。故今年再举耆年会称续。见《悔庵年谱》去年。《昆新续志》卷十三第二十一页：「遂园在马鞍山北麓，徐乾学所构。康熙甲戌上巳，乾学招集四方冠盖为耆年会，尚齿不尚官。与者为常熟钱陆灿、昆山盛符升、太仓黄与坚、长洲尤侗、华亭王日藻、长洲何秉、常熟孙阳、华亭许缵曾、上海周金然、昆山徐秉义、无锡秦松龄……禹之鼎作《遂园禊饮图》。钱陆灿记：「《遂园耆年禊饮图》一卷，盖康熙三十三年岁次甲戌三月三日会于玉峰刑部尚书徐公健庵之遂园而作是图。凡在会十二人……」』又《昆新合志》卷十二第十九页：『遂园……亦名北园。徐尚书乾学所构。康熙甲戌草堂初成，乾学招集四方冠盖，为耆年逸老之会。乙酉（康熙四十四年。引注。）三月，圣祖仁皇帝南巡，幸焉。乾隆四年废为普义园。』

六月

一日，两江总督傅拉塔逝于任。据《清代职官年表》。刘凤云《清代人物传稿·傅拉塔》称其卒于本年闰五月。后赐谥『清端』，康熙帝对傅评价甚高。

十九日，乾学孙徐炯次子。徐德淳生。据《家谱》。德淳字守樸，号东轩。

二十九日，康熙帝于川陕总督佛伦请安折上批复，令关注乾学等近况。佛伦于康熙三十一年十月九日由山东巡抚升任川陕总督。《历史档案》1996年第3期第9页《山东巡抚佛伦密陈徐乾学等劣迹满文奏折》之四，康熙三十三年六月二十九日《川陕总督佛伦为请安事奏折》：『总督臣佛伦谨奏。跪请万岁圣安。朱批：「朕体安。将于七月二十四日幸木兰围场。尔可好？数月尔奏书未到，亦曾问尔子。将刘洪祖等所奏之事票拟而议时，大学士伊桑阿曾奏曰：佛伦原系尚书，若皇上召之，即召之内阁耳，尚书何事？等语。对此朕冷笑了。前参劾明珠、科尔坤、佛伦等人时，众皆指望必杀伊等。朕心里很明白，件件分析，不令生事，巧以完结。今言佛伦之事，其源仍系前人所参，何不申述冤情，但言召至内阁入伙也？况且，徐乾学给稿使郭琇参劾，索颇图为首令陈氏参劾，于成龙倡导结党等项，事关至大，朕心中很明白。今畏佛伦而取悦之，何用？此等事宜，谕尔知之。据闻：总督傅拉塔既逝，江南通省顿觉如丧父母，而徐乾学连饮三日以庆贺。等语。尔在山东时，郭琇不知何说。」』据此可知康熙帝于乾学等回籍大僚向存戒心，满汉之防未曾稍懈。

七月

二十一日，康熙帝谕大学士奏举长于文章、学问超卓者。王熙、张玉书等举荐徐乾学、王鸿绪、高士奇。康熙帝令徐乾学来京修书。《康熙实录》本日：『上命大学士等于翰林官员内知有长于文章、学问超卓者具奏。大学士等奏曰：「徐乾学、王鸿绪、高士奇、韩菼文章诗赋颇为优长。」又「进士唐孙华长于诗赋，文章亦佳。」上召唐孙华考试。谕大学士等：「观唐孙华，文学实优，但字不甚佳。著额外授为礼部主事，令于翰林院行走。」大学士等奏曰：「三朝《国史》《典训》《一统志》《明史》尚未成书。徐乾学、王鸿绪、高士奇、韩菼等在籍，皆文学素优之人。若召令各纂一书，书可速成。」上曰：「徐乾学等著来京修书。徐乾学之弟徐秉义学问亦优，并著来京。韩菼原系内阁学士，告假回籍，不便与曾经处分之人一体取来修书。著以原官召取来京。」』《清史列传·徐乾学列传》：『三十三年七月，谕大学士于翰林官员内奏举长于文章、学问超卓者。大学士王熙、张玉书等荐乾学与王鸿绪、高士奇。得旨「徐乾学等著来京修书。徐乾学之弟徐秉义学问亦优，并著来京。」乾学未闻命，于四月（误。引注。）疾卒……遗书进，其所纂《一统志》，下所司察收。』

乾学闻讯不测祸福，为进呈《一统志》等事，口授《谢恩疏》，旋惊悸而死。此据邓之诚说。一说乾学未及闻召而卒。时在七月十七日。邵长衡《青门集·青门賸稿》卷五《憺园文集序》：乾学『赖天子仁圣保全，恩礼勿替。未几有诏起公，将复用，未及闻命，而不幸以前一昔弃宾客矣。』韩菼《徐乾学行状》：『上久益思公，有旨召用，而公竟不及闻新命矣。病中口占疏谢恩，进呈续完《一统志》书如干卷。』邓之诚《清诗纪事初编·徐乾学》：『三十三年……有诏取乾学、鸿绪、士奇回京修书。乾学知有使者来，而不测祸福，遂卒。盖悸死也。文士多作诗哀思之，鲜有刺讥者，不知其何以得此。倘所谓「饥者易为食，寒者易为衣」欤？』郑方坤《名家诗抄小传》卷一：乾学『诏以原官起用，而宣纶之日即为撤瑟之辰。八百孤寒齐下崖州之泪矣。先生与汪蛟门论诗不合，至于忿争攘臂，若昔日陈艾然者。盖汪主韩、苏，专取才气。司寇（指乾学。引注。）则格律圆整，音调合谐，不离唐诗，正声者近是。』

康熙帝候乾学往，见《谢恩疏》恻然，命恢复乾学刑部尚书衔。韩菼《徐乾学行状》：『上方迟公之来，见疏恻然，怜公旧劳，仍复原官，盖恩眷始终无替云……而公既亡，京师士大夫之门，阒然鲜通客者，羁穷侘傺不能自振之士无所归，皆曰：「公在，安至此？」』

乾学逝前已发刻《憺园文集》，殁后刻竣。发丧时家属曾以赠吊唁者。邓之诚《清诗纪事初编·徐乾学》：『乾学文辞渊雅，学有本原，其才不下潘耒。便不为达宦，或更足取重于人。光绪中，昆山知县金吴澜喜刻书，得改本《憺园集》为之重刻，云：「集初刻成，乾学即没，丧中以数十部赠人。或有言其非者，秘不肯出，故流传不广。」观改本皆措辞不得体，或用事有误，他无忌讳，然即此足知当日徐氏危疑之状矣。』

八月

二十七日，佛伦将所闻乾学数事密报康熙帝。《历史档案》1996年第3期第9页《山东巡抚佛伦密陈徐乾学等劣迹满文奏折》之五，康熙三十三年八月二十七日《川陕总督佛伦为报郭琇等人情形事奏折》：『总督臣佛伦谨奏，为奏闻事。奉旨：「尔在山东时，郭琇不知何说。钦此。」奴才

谓嘉亮生于燕市，迁居南阳」，死后隐葬，未归故里。尤侗致诗以写乾学隐葬事。乾学遗体埋葬于吴县斤裕泽春年会。「健庵既殁，遂止。」予于是重有感也。」其中所谓「南阳燕市」，恐指乾学遗体曾暂时隐葬。学士徐果亭中允并奉诏还朝，予送之。「一往一来，亦有感焉。」即以宋德宜南阳燕市之人乾学遗体或曾暂时隐葬。尤侗《梅庵年谱》：「而王詹事鸿绪、总宪高诸

约本月，徐秉义、王鸿绪、高士奇、韩菼并奉诏还朝。

故不避讳所闻，据实采录。伏乞皇父明鉴。朱批：「知道了。」又「本留中。」处，王掞隐语：首为父母，继即尚书也。又言：天网恢恢。等语。王掞之行为诈，众人莫不议论……清廉善良，皆请步行送殡，唯王掞不肯。其后，众官员皆步行送殡，仅王掞未步行。又闻于众人集合之方才前来。不再伊祭伊拉搭时，祭品从请晨供之，迨进餐时分后方才来祭。伊拉搭出殡之日，众官员念其物故时，并为布政使之王掞闻信于苏州，推托不来，带故子童出游玩于虎丘等山。又推安，历其时入份一斤至十八钱。后因天益实，满旗官兵有茶中放猪酱而饮者。又闻通省官兵民人皆以伊拉搭为良臣而乾学之意，宋荦属官之如此，未必行此事。实在无理至极。又闻徐乾学下盐商困不送盐，使省城盐督逃世数日，宋民即行之如此乎？庶民不能行，必有教唆之人。蓄通报抵处之。等语。故大为患，此暂余上龙亭，置于县衙，不令征收兼征之钱粮。署知县，甚至殴打。知县惧，往报巡抚宋荦。宋荦曰：「愿之损，即遣家人往吊。此前往之人自江南返回后，闻得伊拉搭谢世不久，昆山县及邻近嘉定县之民举皇不悔，亦不得好死。再以奴才所见所闻，敬陈于皇父。奴才追惜伊拉搭之忠良，念其为皇上效力，而计而害人，罪恶累累，上天鉴之，不继而屠之也。闻其子亦蹈父辙，横行地方。若父残暴而罪非，而子仍行恶

九月　十三日，秉义元配马氏卒，享年六十。据《家谱》。

十一月　二十六日，徐树榖葬乾学于苏州城西吴县之盖字圩，韩菼为撰墓志。韩菼《徐乾学行状》：『始公游府城西诸山而乐之，曰：「死，吾将归藏于斯焉。」树榖等谨成先志……葬以康熙之三十四年十一月二十六日，而先期属菼为状。』《家谱》：乾学与妻金氏『合葬吴县十二都上扇十二图盖字圩，主穴坐落邓尉山费家河头□山□向。』

乾学逝后，声誉渐衰。邵长衡《青门集·青门賸稿》卷五《憺园文集序》：『衡衰老，久弃于世，独尝以文字辱公（指乾学。引注。）奖藉，谓：「可进于作者。」一言知己，没齿不忘。又怪公殁且四年，谤焰已熄，而当代立言之士未见有卓然为公表彰者，何邪？』此文作于康熙三十七年。同年邵长衡有《与徐艺初书》载《青门賸稿》卷八，亦言及乾学身后萧条，感叹世态炎凉。刘禺生《世载堂杂忆》有《徐乾学祖孙父子》《徐乾学后嗣悲式微》两条。前条略云：『昆山徐健菴祖孙父子事，合《东华录》《刑案汇览》诸书及他种遗事，连贯记之……健菴有子五人，皆翰林。孙陶璋，状元。自健菴子名骏者，以翰林累文字狱，处斩，家道遂微，移家安徽，今昆山鲜徐氏子孙踪迹矣……逮雍正初，文字狱兴，骏作诗有「明月有情还顾我，清风无意不留人」句，有人告发，谓骏思念明代，无意本朝，出语诋毁，大逆不道，交刑部按实治其罪……自徐骏伏诛，徐家望族，日趋陵替，虽陶璋亦以修撰终身，毫无建白……徐氏离籍昆山，全家入皖。后有安徽翰林徐宝善者，即健菴之后。最后有徐谦者，则宝善之后。』后条云：『徐健菴所居之府第乃尚书第，在昆山城内西塘街，因健菴曾任刑部尚书，故名。当时藏书丰富、名满天下之传是楼，即在尚书第内。自徐氏子孙式微，所藏善本书籍大都流入他家，而楼亦废，今其遗址已渺不可寻矣。惟尚书第之产权，迄民初犹保存于徐氏后裔手中，后出售于安福系巨魁王揖唐。王为表示纪念起见，曾自名为后传是楼主人。抗战胜利，王为汉奸犯，由昆山县政府将该项产权没入公家。又徐氏家祠，在昆山城内东塘街，至今徐氏后裔仍有居于此者……』又云民国时北京陕西巷聚福班主徐姓妇人为徐乾学后裔，又云王揖唐于昆山曾与另一徐姓妇人结缘，其人亦为徐乾学后裔。不烦细考。

乾学身后部分藏书归于怡贤亲王府。叶昌炽《藏书纪事诗》：怡贤亲王『为圣祖仁皇帝之子，其藏书之所曰「乐善堂」，大楼九楹，积书皆满……徐、（乾学。引注。）季（振宜。引注。）之书由何义门（何焯。引注。）介绍归于怡府。』

十一、**代言集** 一名《徐尚书代言集》，徐乾学著。未见。龚自珍有《昆山徐尚书代言集序》云：『昆山徐家鼐裒其先所著述，曰《徐尚书代言集》者若干卷，其曰《文集》者又若干卷，其总曰《三徐文》者又若干卷。墨者雕，泐者新，而授浙人龚自珍序其旨……《代言集》者，尚书代诏制之文……是集，公直南书房时笔也。』见本谱康熙十七年、康熙二十四年引。

十二、**大清一统志稿** 徐乾学编。未见。韩菼《徐乾学行状》称，乾学临终闻诏，『口占疏谢恩，进呈续完《一统志》书如干卷。』见本谱康熙三十三年引。后此稿不知所终。今所见《四部丛刊》续编本《重修大清一统志》为嘉庆间成书，其中当有采自乾学进呈稿本之内容。

十三、**明史稿** 未见。韩菼《徐乾学行状》：『《明史稿》中议大礼、三案、东林、理学诸源流，皆公之特笔，足为实录。』

十四、**游普陀峰记** 一卷。徐乾学著。见存光绪十七年上海著易堂排印本《小方壶斋舆地丛钞》第四帙。

十五、**憺园文录** 二卷。徐乾学著。有同治七年敖阳李氏刊《国朝文录续编》本，列第十四种。

十六、**唐人中晚续诗选　古文关键选　历代宗庙考　舆地备考　舆地纪要　舆地志馀** 以上诸种均未完成。韩菼《徐乾学行状》称：『又著《历代宗庙考》《舆地备考》《舆地纪要》《舆地志馀》诸书，未卒业。』

此外乾学尝资助当时学者刊刻文集、诗集多种，如吴兆骞《秋笳集》、归有光《归太仆集》、陈维崧《湖海楼俪体文集》、朱彝尊《日下旧闻考》、纳兰性德《通志堂集》等，一时难以尽数。